そこまで言ってい〜んかい!?
さいしょで最後のギリギリトーク!

アセンション! 宇宙クリニック★

ぶっとびDr.
池川明
×
宇咲愛&レゴラス晃彦
元看護部長メッセンジャー

ヒカルランド

（左から）池川明、宇咲愛、レゴラス晃彦

ぶっとび！だらけの頂上☆鼎談。
ハプニングの連続に、
編集担当：ヤエワークスも思わず悶絶!?

みなさん
コンニチワ
この本の
編集者☆
ヤエワークスです
わたしは小さい頃から
スピリチュアルな世界が
だいすきで・・・
この本の
著者である、
池川明せんせいの
講演会をたずねたり、
いち読者として、
宇咲愛さんの本を
はつばい日に
チェックしたり・・・
していました。

そして、漠然《ばくぜん》と
ああ・・・
いつかわたしも、先生がたとおシゴトがしてみたいなぁ
はじめまして
と、思っていたのです
すると
よし
採用!
りれきしょ
マジすか
なぜか縁あってヒカルランドではたらくことになり
さいしょは事務でした
そして、なぜか
あしたから編集ね。
ブッ
メニュー
電撃《でんげき》移籍《いせき》
見よう見マネで編集作業をはじめて・・・

ある日突然《とつぜん》、
ぽん
祝 おめでとう
あしたから担当ね。
あこがれの先生がたの本を担当することに!!
不慣れなわたしを、
はははは
先生がたは、あたたかく受け入れてくださり…
サインしてください
えっ
わたし〜?
おまけに、
わたしね、
ヤエさんの絵、大すきなんです
もっと描いて下さい
たくさんイラストを描かせてくださって…

もう感無量、といった心もちで
おシゴトさせてもらっていたのですが、
そんなある日・・・
ヤエさん
わたし、ひらめいちゃいました♫
えっ
お医者さんと、元《もと》ナースのコラボ!!
びし
はっ、はぁ…
そこでさっそく、
ご相談したところ・・・
ーーと いうワケなんですけれど
東京
おっけー♫
まさかのふたつ返事!!
横浜

そして
なぜか？
石井社長までもが、
GO! GOだよ!!
カトーさん!!!
超ノリ気（笑）。
というわけで
実現しました、
医者と、
元《もと》
ナースと
元《もと》医療
介護の
業界人による…
トリオ
スペシャル・トーク!!
びしっ
よんでね〜!

(左上)愛さんの原点！
看護学校の卒業式にて、お母さまと。

(右上)レア♡黒いお洋服の愛さん。
こちらは看護部長時代。

現職時代の、
愛さん宅イルミネーション
(205ページ参照)。

こちらも貴重すぎる！　若かりしころの池川先生☆
お茶の水博士に扮した、おちゃめなコスプレ姿とともに。

アセンション！ 宇宙クリニック☆　目次

読まなきゃソンする！ 令和ぶっとびトリオの㊙トーク●17
「アシュタールに聞いてみた」インタビューwithレゴラスさん●25
あの先生が当直だと……よく亡くなる？
　医療あるあるジンクスと介護現場のむつかしさ●40
キワドさMAX！ トンデモ医者に医療スクープ、そこまでいって委員会!?●47
THE白衣マジック！ 1／100のアブない確率●54
医者と社長の「いまここ」事情、意外なる共通点とは？●59
神さまのウソつき!? 「代わらなきゃよかった」と嘆く子ども●66
トラウマになる生まれかたって？ 池川先生イチ推し！ 出産マニュアル●69
赤ちゃんのメッセージにみる死生観、あるクライアント母娘のやりとり●74

「順調にうまくいっていない人生」上等！
ハプニングありきが断然おトクな理由とは● 84
踊る！　お義父さん♪　霊界デビューでキャラクターも七変化⁉● 92
愛さんの「アカンかった体験」と死後テレポーテーション● 96
レゴラスさん、語る！　僕と父との物語～死後&生前をとおして～● 101
ご先祖さまにお願い！　愛さん直伝の超コミュニケーション● 107
日帰り、一泊二日、享年八〇歳……。コースいろいろ、人生もよう● 110
五〇パーセントがおぼえている⁉
胎内記憶ヒアリングのコツ、おしえます● 114
「生まれ変わることに決まったんやぁ！」お父さんの宣言と夢予告● 116
親も、子どもをえらんでいる？　絶対でない世界の不思議● 120
「あなたじゃないとダメなんです！」
自殺した男性からのムチャぶり⁉　エピソード● 124
「命日を決めてきた子」との忘れられない絆　いまこそ伝えたいメッセージ● 130
昭和のオカルト、平成の都市伝説、令和のゴージャス葬とは⁉● 133

「生まれかわり一〇〇年説」にもの申す！
いまや秒で成されるあの世シゴト ● 141
手術は「赤ちゃん本人の同意あってこそ」池川先生が伝えたいこと ● 146
医療、法律に真実なし!? 幸せの白ブロック、不幸の黒ブロック ● 154
もっともヤバい詐欺師とは!? 善意と狂気のアヤうい関係 ● 163
「あれダメ、これダメ」ルールづくしはもう古い!?
「禁止用語、禁止」でみるみる回復！ 介護録 ● 167
ブラックあきら、大いに語る！
「医者はヤクの売人」激ヤバ発言オンパレード！ ● 173
愛さん一喝！「管理職のお役目とは？」リスク共有でピンチをチャンスに☆ ● 180
あなたは〇〇医タイプ？ 医者のキャラいろいろ
地味な外科、気のながい内科、短気な産婦人科 ● 186
医学の進歩は逆効果!? 人まかせ、数字まかせの現代病 ● 189
クレーマーさん、いらっしゃ〜い♪
目からウロコの撃退センスに学んじゃおう ● 193

シナリオありきのメディア世界　鵜《う》呑《の》み、まる呑み要注意！●204
スピリチュアル・ジプシーと健康オタクの共通項とは？●208
偏差値ではかれないこと　テストよりも学校よりも、うんと‼大切なこと●210
アウトプットで攻略せよ♪　ピンポイント勝負の㊙テスト術●217
最先端！　ハイブリッドな道ゆく☆　右脳派チルドレンに学んじゃおう●222
「きょうは、天気がいいから休みまっす！」
　ズル休みしたくなるのは健全そのもの●228
神のみぞ知る？　宇宙タイミング
　コツコツタイプと五分タイプの見きわめかた●235
編集者よ、立ち上がれ！　秘話からはじまるストーリーこもごも●240
『ママ、さよなら。ありがとう』のこと、タブー視されるテーマについて●249
占いぶった斬り⁉で大盛況♪　ピンクのゾウが空飛ぶとき●253
「しあわせになりたいですか？」「ハイッ‼」
　池川先生、思い出の拉致事件を語る●261
めざせ吉本新喜劇！　アヤしさグランプリなら即、優勝⁉●276

ぶっ飛び！武勇伝の池川パパと 絶体絶命！からの愛さんリターンズ● 280
「アバウトなわたしにピッタリ♪」
愛すべき母校の超！テキトーすぎるエピソード● 287
いよいよクライマックス！
医療現場ＡｔｏＺと個性派すぎるドクターたち● 295
編集後記● 304

免責事項

本書の著者および編集者におきましては、記載された治療法・薬剤・診療に関する考察が正確であること、また公開時に一般的とされている基準に見合っているかを確認する作業を行っております。

しかし、のちの研究や臨床経験の蓄積による日々の情報変化〜専門家どうしの見解の違い、個々の臨床における状況の違い、または膨大な文章の作成時における人為的ミスの可能性などにより、ほかの情報源による医学情報と本書のそれとが異なる場合がございます。

本書の情報は専門家への相談に代わるものではなく、
また、いかなる効果をも保証するものではありません。

本書で紹介する情報を実施した等で生じるいかなるトラブルに対しても、著者ならびに発行元であるヒカルランドは一切の責任を負いかねることをご了承ください。

カバーデザイン　三瓶可南子
編集協力　宮田速記
マンガ&イラスト　yae works
校正　麦秋アートセンター

アセンション！宇宙クリニック★

池川 明
×
宇咲 愛 &
レゴラス晃彦

たのしいトーク、はじまるよ！

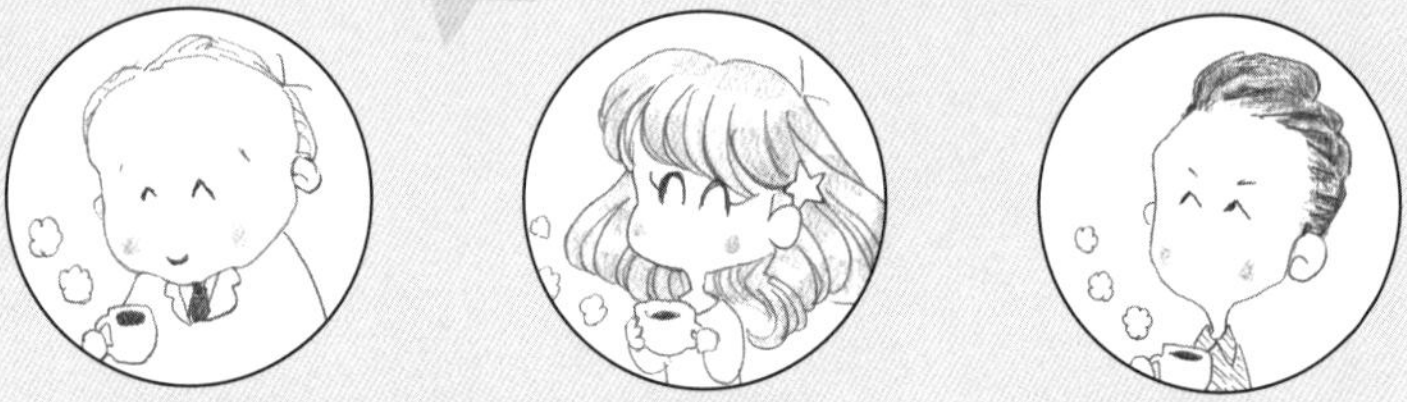

池川《いけがわ》 明《あきら》

産婦人科
「池川クリニック」院長。
医学博士。

宇咲《うさき》 愛《あい》

多次元のメッセンジャー。
元看護部長であり、
介護施設長。

レゴラス晃彦《あきひこ》

公私ともに
愛さんをサポートする
パートナー。
医療・介護業界をも経験。

アシュタール

フルトランス状態の
愛さんに降りてくる、
宇宙存在。

yae works《ヤエ ワークス》

この本の編集者。

☆こちらは2019年８月に
行われましたインタビューに、
加筆～修正をして
まとめたものです。

読まなきゃソンする！ 令和ぶっとびトリオの㊙トーク

――いよいよ、待ちにまった！ 鼎談《ていだん》ですね～。

きょうは、わたしの大好きな先生方にお集まりいただけて……たいへん光栄です。

本当にありがとうございます。

池川　こちらこそ！　とても楽しみにしてきました。

宇咲愛　わたしもです‼　どうぞよろしくお願いします。

レゴラス　よろしくお願いします。

――愛さんは、前職でナースをなさっていて……？

宇咲愛　はい、長らく外科や救急外来を担当しておりました。

あっ、産婦人科にいたことも！

池川　えっ、そうなんですか⁉　じゃ、内情をよくご存じで……（笑）。

宇咲愛　はい、それはもう（笑）。

レゴラス　愛さんは、看護部長もやっていましたし。

――ドクター&ナース、最強タッグじゃないですか！

池川　ほんとですね〜。マニアックな話てんこ盛りになりそうで（笑）。

宇咲愛　お手柔らかにお願いします（笑）。

池川　わかりました……と言いつつ（笑）いきなり核心的なお話で恐縮ですが、「統合失調症＝霊障」であり「精神科ではわからない」というご意見があるようですが……宇咲さんは、どう思われますか？

宇咲愛　そうですね……たとえば、病院に行って「先生、天使が視《み》えるんです！」「光が視えるんですよ〜‼」なんて言おうものなら（笑）病名をつけられてしまう。

そういうことかなぁ？　と。

で、俗にいう「視える」にも種類がありまして……波動が粗《あら》いゾーンと共鳴してしまうと、幽霊が視えてしまったり、よろしくない存在にそそのかされてしまったり。

そういうことがあるわけですね。

わたしは光の存在からのメッセージをお伝えしていますけれど、光とか天使とか、みなさんよくご存じの（宇宙存在）アシュタールに焦点を絞っていますから……そういったものとは繫がらないのですが。

池川　プロテクトをしっかりなさっている、と。

宇咲愛　はい、そのとおりです。さきほどのお話でいうと……幽霊を「こわい！」と執拗《しつよう》に恐れていては、日常生活に支障をきたして、精神科にかかることになってしまう。

そういったケースは、まあるのかもしれません。

そういえば、ユイちゃん——うちの孫なんですけれど——が一歳になったとき、こんなことがありました。ユイちゃんの母親……つまりわたしの娘が「ユイちゃんは時々、悪魔さんになる」と、オロオロしてまして。

池川　悪魔ですか⁉

宇咲愛　はい。娘によると「急にスイッチが入ったかと思うと、顔つきが変わって……暴れるのよ」って。とっさに「あっ、（わたしとおなじで）波動が粗い場所にいると、トランス状態になってしまうのかな？」とピンときて。それですぐ、アシュタールがブレンドしたアターオイルを渡したのです。「何かあったら、使ってね」と。

――あれ、すごくいい香りですよね。

池川　わたしも欲しいです（笑）。

宇咲愛　もちろん！（笑）あとで差し上げます。

それで、ユイちゃんはアターオイルの瓶を見るなり「こわい！　こわい!!」と言いだしたそうで……娘がなだめながら、彼女の首のうしろにオイルを塗ってあげたところ「いつものユイちゃんに戻った！」って。そう言ってました。

――首のうしろは「盆《ぼん》の窪《くぼ》」といって「霊的なものがはいる入口」とされていますよね。施術家の方からも「風邪はここから入ってきます。首もとを冷やさないように」と教わりました。

宇咲愛　なるほど。アシュタールのフルトランスも、まさしく……ここからドーン！　と入ってくる感じです。

池川　へぇ～。ほんとに入口なんですね。

宇咲愛　はい、そのようです。

自覚がない方は、知らないうちに（霊的存在に）入ってこられたりもして……。

レゴラス　愛さんも一回だけ……ありましたよね？

宇咲愛　はい！

たしか、レゴラスさんと百円ショップに行って……そうしたら、急に気分が悪くなって。

レゴラス　そうそう。

宇咲愛　クラクラと立ちくらみがして、「ちょっとしんどいから……帰るね」と言ったら「愛さん、なにか入ったんじゃない？　顔つきが変わってるよ。瞑想してみたら？」って、レゴラスさんに言われて。そのとおりにしたら、スッキリしたんです。

池川　すごい！　レゴラスさんは、そのとき何か視えたんですか？

レゴラス　いえ、そういうわけじゃないんですけれど、雰囲気や目つきが変わって「あれ？」と……。

——わたしも映画館でおなじようなことがありました。よく、暗いところは「出る」といいますけれど……「たしかに！」と実感した経験でした。

池川　暗がりには霊的なものが集まる、と。ダークサイドですね（笑）。

宇咲愛　たとえ暗がりがあったとしても、太陽のある日中なら、まだいいんです。でも、夜になってくると……アヤしいエネルギーに変わってきて。

わたしは高校に上がったころから「夜は環境がよくないから、悩むのはよそう」と決め

ていて。夜、悩むとロクなことがないし（笑）

とにかく、大事なことを考えるのはやめよう！　って。

池川　なるほど～。「悩みが増幅して、さらに悪いものを引き寄せてしまう」と……？

それじゃ、太陽のもとで明るく悩むのが正解ですね（笑）。

宇咲愛　そう、そう！（笑）ホントにそう思います。

――幽霊の側からすると、「共鳴する悩みをもつ人」は「光って見える」と聞いたことがあります。だから、いつもマイナス思考でいると「あっ、いいターゲットみ～っけ♪」って……（笑）。

池川　類は友をよぶ、ってヤツでしょうか？　だとしたら……やっぱり明るいうちに、思うぞんぶん悩むべきですね（笑）。そもそも悩んでる人って、暗がりを好むイメージですし……明るいところには、いないかも（笑）。

宇咲愛　明るい場所にいくだけでも、悩みの増長をストップできそうですよね。

――そういえば、うちの石井社長は超！　ポジティヴなんですけれど（笑）

朝五時とか、めちゃくちゃ早起きなんです。

池川　ははは（笑）。太陽を浴びて、悩みを喜びに変えてしまうのかな？

レゴラス　うつ状態も「朝に散歩できるようになれば、かなり改善していく」と、何かで読んだことがあります。朝の太陽を浴びるって、やっぱり大切なんですね。

宇咲愛　でも、うつの人って「何もしたくない」状態じゃないですか？　だから……たいてい、朝によわい。

池川　逆にいうと「朝、出かけられるようになる＝治った」ということでしょうか？

レゴラス　そうです、そうです。

池川　じゃ、ムリやり（笑）外に連れだしてもOKでしょうか？　それとも、やっぱり自発的に出るようになるのを待ったほうがいいのかな？

――東洋医学の本には「とにかく、太陽光に当てることがポイント。浴びるだけで全然ちがう」とありました。

レゴラス　時間帯でいうと、朝の十時までだそうです。やっぱり、「朝の太陽」がいいんでしょうね。

池川　なるほど。うつの人って、起きるのがだいたい昼すぎですものね。

宇咲愛　はい。そういえば、うつで思い出したんですけれど……レゴラスさんは以前、アシュタールに「精神疾患について」インタビューしたことがありまして。

「宇宙的にはどう捉えるのだろう？」という観点から、質問してみたのですが……。

――おもしろそうですね。読んでみたいです。

宇咲愛　あ、本当ですか？　たしかメモした原稿がパソコンに……。

レゴラス　はい。あります、あります。

池川　わぁ、ぜひ拝見してみたいです！

レゴラス　わかりました。

ちょっとお待ちくださいね……（と、原稿をプリントアウトしてくださる）。

と、いうわけで……急きょ「アシュタール×レゴラスさん」インタビュー原稿をご用意いただくことに。読んでみると、これがまた（地球の概念にとらわれない）自由な発想の内容でしたので……こちらにもシェアさせてもらうことにしました。

「アシュタールに聞いてみた」インタビューwithレゴラスさん

レゴラス（以下、L）「うつ・PTSD（心的外傷後ストレス症候群）・双極性障がい」などについて教えてください。

まずは……「うつ」とは、どういった状態なのでしょうか？

アシュタール（以下、A） まず、「うつ」に限った話ではありませんが……分類を決めているのは、あなた方ご自身です。

たとえば「この症状なら、うつだ」といったぐあいに。

「この症状なら○○だ」と、病名をつけるのは……地球で決められたことなのです。

その上で、宇宙的な見解を述べるならば……それぞれの「魂の癖《くせ》」「肉体（という制限）」などによって、

「感情」のコントロールがスムーズにできないことや、特定の「症状」「できごと」を「病気」というものに仕立てあげている。

そのような感触を、われわれは受けているのですが。

L　「うつ」は、肉体に紐づく「感情」のコントロールがうまくできていない……状態だと？

A　そのように感じます。「肉体」と「魂」における、ある意味での「不一致」。
それが起こっている状態を、さまざまな視点でとらえては、さまざまな名前をつけている……といった感じでしょうか。

L　では、具体的に「不一致」とは、どのような症状を指すのでしょうか？

A　さまざまな例がありますけれど……ようするに、「シルバーコード」が、しっかりしていない状態」といえるでしょう。
「魂」と「肉体」とが、調和できていない状態。もしくは、「魂」が「肉体」と共鳴するにあたって「波動調整」しきれていない、というか。

さらには「シルバーコードのエネルギーそのものに、課題がある」ケースも存在します。

L　えぇと……すみません。

「魂と肉体」の不一致について、質問したつもりだったのですが……それは「シルバーコードの課題」とイコールなのでしょうか？　また、「魂と肉体」の不一致と「シルバーコード」の関係性も教えてください。

A　「シルバーコード」は、「魂」を「肉体」にとどめさせる役割を担っています。「シルバーコード」が切れるとき……「魂」は「肉体」を離れて、宇宙へと戻ります。

L　「シルバーコード＝魂」なのでしょうか？

A　いいえ。「魂」とイコールではありません。そうですね……たとえば、「肉体→ガラス瓶」「魂→液体」だと仮定して……。「肉体のなかに／魂が入ってきた」は「ガラス瓶のなかに／液体が入ってきた」と、置き換えてあらわすことができます。そのさい、「液体のはいったガラス瓶」の「フタ」の部分にあたるのが「シルバーコード」なのです。

L　「シルバーコード」＝「フタ」の役割？

A　そのとおりです。

L　では、「フタがはずれた」は「シルバーコードが切れた」状態だと……？

A　そうです、そうです。

L　「シルバーコード」は「魂と肉体」をつなぎとめるツールなのでしょうか？
また、「シルバーコード」は「宇宙」とつながっているのでしょうか？

A　そうですね。ある意味、それも正解です。「宇宙」とも共鳴しています。
あなたがおっしゃられたとおり、「魂と肉体」をつなぎとめる役どころでもあり……
「人生のシナリオ」の記憶をも、有しているのです。

L　そうでしたか！　てっきり「へその緒」のように「宇宙」と繋がっているのかと……。

A　いいえ。「へその緒」のようなイメージではありません。

L　なるほど……ところで、
「シルバーコードのフタ」がゆるむと「うつ」に発展したりはするのでしょうか？

A　さきほどの「ガラス瓶と液体」の話になぞらえますと、液体が気化して「出よう、出よう」とすると……いわゆる「うつ」に陥《おちい》ります。「死にたい、宇宙に戻りたい」と感じたり、地に足をつけた感覚がなくなって、ふわふわしてしまったり。

L　なるほど。「うつ」のばあいは「死にたい」とすら思わないケースも多いと聞きます。深刻化するほどに、その傾向は強まるのだ……とも。もし、「フタがゆるんだ状態＝うつ」ならば「フタがゆるむ（病状がすすむ）」ほどに「外へ出たい（宇宙へ帰りたい、死にたい）」となるはずですが……じっさいには逆です。それはどうしてなのでしょうか？

A それは「死にたい」という自覚すら、起きなくなっているだけで……ご本人的にはもう「地球上に生きている感覚」は、すでに失われているはずです。

「魂」を「瓶のなかの液体」に置きかえてみると……「死にたい」という自覚があってもなくても「フタ」がゆるめば「気化（浮上）」してしまうわけで。

ふわふわしていることに、変わりはありません。

L ということは、「地に足がついていない（＝グラウンディングしていない）」状態がすすんで「無気力」になったのが「うつ」……？

A そうです。比喩的には「瓶の上のほうに、浮いている」というか。そして、その状態から少しだけエネルギーが湧いてくると「瓶の外」に出ようとするのです。

つまり、地球でいうところの「死のうとする」状態。

L なるほど。イメージがつながったような気がします。で、話はそれますけれど……いわゆる「スピリチュアルばかりで、ふわふわしている人」というのは、ある意味「うつに近い」ということなのでしょうか？

A　そうですね。われわれからしてみますと、ある意味近いです。
ご自身の「地球上での役割」に、ぜんぜん意識を向けずに「戻りたい、戻りたい」と宇宙のことばかり考えている……というのは、宇宙から見れば（うつと）同じともいえます。

L　症状の度合いがちがうだけで、起こっていることはあまり変わらない……と？

A　う～ん。いっぽうには病気のレッテルを貼り、もういっぽうは「そうでない」とする。そのジャッジは、あなたがた独特の見解です。
われわれには、すこし不思議に感じられます。

L　そうでしたか。ところで、さきほどおっしゃられていた「シルバーコードの課題」と「フタがゆるむこと（うつ）」には、どういった関係性があるのでしょうか？

A　日常の生活において、シルバーコードにはさまざまなエネルギーが付着します。そして、それらに影響されて「フタ」がゆるむことがあるのです。具体的には……たとえば「強烈に、魂に傷がつく」体験があったとして「シルバーコードにも、傷がつく」イメージです。それを何回もくり返して、フタがかなりゆるんできて、さいごには壊れてしまう……といった感じでしょうか。

L　この地球上での、わたしたちの「体験」や「感情」によって、シルバーコードに傷がついたり、機能が弱まったりする……と？

A そうですね。強烈な「体験」によって得られた「感情」というのは、「喜怒哀楽」問わず……エネルギーとしての「余韻」をシルバーコードへと残します。ようは、強烈なものすべて、そこにとどまるように出来ているのです。

そして、「愛」や「感謝」というのは、シルバーコードをサポートする働きにまわります。

つまり「とても傷ついた」ことがあったとして……でも、そのあとに強烈な「愛のエネルギー」を感じる体験ができたのなら、シルバーコードは修復できるのです。

が、「ネガティヴな感情」がシルバーコードに付着すると……荒れやすくなりますね。

そのようなわけで、あなたがたは「シルバーコードに付着した、不要なエネルギーをクリアにする」ことを『スターワーカーコース』をとおして、実践しているわけです。

不要なエネルギーがあると、宇宙とコミュニケーションが取りにくくなりますからね。

L そうでしたか！　ちなみに、さきほどおっしゃられた「ネガティヴな感情」というのは、シルバーコード以外にも付着するのでしょうか？

A 強烈に影響を受けるのはシルバーコードです。

ほかへ付着する可能性もありますが、それほど気にならないレベルでしょう。

L ふ〜ん。ではやはり、いちばん大切なのはシルバーコードだと……。

A はい。われわれが感知するかぎり、とても重要な場所です。

でも、それを知っている方は意外と多くありません。

L なるほど……関連して「PTSD」についても、お伺いしてよろしいでしょうか？

これは「心におおきな傷を受けたのち、しばらく経ってなお／体験をフラッシュバックして、恐怖にみまわれる」症状です。

これについても、さきほどとおなじ原理で説明がとおりますでしょうか？

A そうですね……「魂」に何かが混ざって、影響をおよぼしてくるというか。たとえば、「フタ」が金属性だとして……それがボロボロになって「ガラス瓶（肉体）」の「液体（魂）」に混ざってしまう感じ。「魂」にまで、影響がおよぶイメージですね。

L なるほど。シルバーコードに傷がついて……のみならず「瓶」のなかにまで影響してしまった、と。それは「魂を傷つけた」とも言えるでしょうか？

A はい、そのとおりです。

L では、つぎに「パニック障がい」について。これは「人ごみに行くとドキドキしたり、過呼吸になる」症状を伴います。
いったん良くなっても、再発を恐れて……外出や交通機関が利用しにくくなったり。
イメージとしては「ＰＴＳＤ」の縮小版？　みたいに捉えているのですが……。

A　そうですね。主たる原因は「魂が永遠不滅」であることと「地球上での転生」に由来しています。そして、その過程で経験した「人間に対する恐怖」から、みずからを「守ろう」と……「魂」にフィルターを貼ってしまう。そういう状態です。

L　それは「魂の癖」……もっと言うと、過去世での「癖となる経験」を思い出して、反応していると？

A　そうです。経験そのものは忘れてしまっても「魂の癖」は反応するのです。「魂の癖」が反応して、みずからを「守ろう」と……肉体に影響をおよぼすわけです。

L　とくにアクシデントが起こらないうちから、反応だけはくり返すと？

A　はい。原体験にちかい環境になると……急にスイッチが入って、共鳴しだすというか。とにかく「波動」がすべてですから……いったん「恐怖」を思い出すと、くりかえし「恐怖の波動」を宇宙に飛ばしては、それを実現する。そのサイクルに陥るのです。

L　では……それを改善するためには、どうしたら良いのですか？

Ａ　宇宙のエネルギーを降ろす。みずからが「光の存在」であることを思いだす。これにつきると思います。というか……この二つはセットですから「宇宙のエネルギーを降ろすことによって、自然と思いだして」ゆきます。すると、「魂の癖」がとれやすくなってくる。
ご自身が「光の存在」であると「魂」レベルで思いだせたなら……。「魂の癖」は溶けてなくなってゆきます。

Ｌ　なるほど。でも、すぐに「思いだせる」方ばかりではないと思います。気力を失っていたり、「自分にできるとは思えない」と思っていたり。そのようなばあい、いわゆるドクターによるカウンセリングとか、治療というのは……。

Ａ　やりかたによっては、カウンセリングは有効なのかもしれませんが、治療は必要ないかと思います。

Ｌ　じゃあ、抗うつ剤とか……薬を飲むのは。

Ａ　必要ありません。一時的にせよ、その方の人生を「止めてしまう」ことになるからです。なおかつ、投薬をやめたら……もとの木阿弥。ふりだしです。安易な投薬によって生涯、ぼう然とした人生を送ることにもなりかねません。

そのあいだにも、刻々と……肉体は衰えてゆきますし、気がつけば「役割をはたせないまま寿命に」なんて可能性もあり得るわけです。もったいないと思いませんか？

L なるほど。ところで、ひと口に「うつ」といっても「双極性障がい（躁うつ）」「躁～ふつうの状態を行き来する」など、さまざまなタイプが確認されています。さきほどの解説で「うつ」になるのは「宇宙に帰ろうとするがゆえ」とのことでしたが……たとえば「すごくハイになって、衝動的にうごく」のも精神障がいにあたるとされています。これも、前述の「うつ」とおなじ原理で……？

A う～ん。そもそも「衝動的にうごく」ことに、なにか問題でも？

L お金を使いすぎるとか、女の人をいっぱい口説いちゃう……とか（笑）。

少なからず、問題があるように思います。

A おおおぉ!!　楽しそうじゃないですかぁ～。

L まぁ……たしかに（笑）本人は楽しいのかもしれません。

でも、ほうぼうで約束やら契約やら交わしまくって、けっきょくドタキャンとか。

気持ちが大きくなっているから「あれも、これも」と手をだすけれども……。

A すばらしい！

L　そうなのですか⁉（笑）とにかく、そういうのが積みかさなって、とんでもない借金を作ってしまったり……セーブが効かなくなって、あとあと苦しむケースが多いように思うのです。

A　う～ん。その方、宇宙的には「宇宙そのもの」であるし、ただただ「すばらしい状態」。それだけです。

L　え～っ⁉（笑）

A　自分の「可能性」を思い出して、共鳴している……というかね。でも、いっぽうでは「地球のルール」をわかっていなくて、アンバランスでもあって。なので……まぁ、「地球で役割をはたすためのトレーニング」は必要かもしれません。が、その行動！地球的には問題かも知れませんが、宇宙的には……とてもすばらしい！

L　ほんとかなぁ（笑）。

A　もちろんです。が、「あとで苦しむ」ということは……まわりからたくさんの批判を受けるのでしょうね。ならばいっそのこと、ハイテンションのままでいれば、幸せなのかも？（笑）というのは冗談にしても、トレーニングすることで、ちゃんとバランスが取れてくると思います。この地球で「光の存在」として、生きざまを見せていく……とても貴重な存在だと感じます。

L でも……まわりも大変だと思うのですが（笑）。

A お～、そうなんだ⁉

L ハイになると……たぶん、アタマの回転もはやまるし、まわりの助言も聞けなくなってしまうというか。あらゆることを「自分ひとりで、できる！」と思いこんで、大ぶろしきを広げてしまって。まわりを巻きこんだあげく、収拾がつかなくなるケースが多いように思います。それでも、「魂」的には……病気じゃないと？

A はい。「魂」もしくは「宇宙」的には、そのとおりです。

が、マスター・クリエイターと約束した「役割」を果たすことを考えると……そちらに向けてのトレーニングは必要かと思います。あわせて「役割に気づく」ことも。

L なるほど。似たようなケースで、子どもの「ADHD（＝注意欠如・多動性障がい。じっとしていられない、落ち着きがない等の症状を示す）」……も、おなじ見解でよろしいですか？

A はい、そのとおりです。彼らはすばらしい！　と感じます。ただ、日本では、制約があまりに多すぎて……きゅうくつかもしれない。

ちがう国に行けば、彼らの能力はどんどん発揮できます。とても優秀な子どもたちです。

L では、そのような子どもたちには、どういったトレーニングがよいのでしょうか？「しばってはいけない」。困りはてた大人たちが、病名をつけた……というのが現状ではないか？と思うのですが。

A あらゆる意味で、優秀なティーチャーが必要ですね。それぞれの子どもの言動を観察していれば、おのずと「地球に降りたった意味」「役割」がわかってくるはずです。そして、そちらに意識を向けさせるのです。

L 興味があることとか？

A そうです。すると……本人がそこへ、フォーカスをしはじめます。そうして……類いまれなインスピレーションで、システムや作品を創造しはじめたり。独自の能力を発揮するようになるのです。彼らはよく「社会生活が難しい」と称されますが……自分の役割にフォーカスすることで、解決できる面もあるかと思います。

L 現状、少なくとも日本では……優秀なティーチャーがあまりいない？

A そうかもしれません。ですから、あなたがたが「魔法の学校」を設立したのでしょう？　あなたがたご自身の、役割でもありますし。

L　なるほど……わかりました！

A　われわれも引きつづいて、サポートしてゆきます。

L　はい、ありがとうございます！

あの先生が当直だと……よく亡くなる？ 医療あるあるジンクスと介護現場のむつかしさ

――看護師をなさっていたさい、愛さんは死産に遭遇したことがなかったと……。

宇咲愛　はい、そうなんです。

池川　「遭遇しやすい人」「しづらい人」がいるのかなぁ？　あと、「あの人が当直だと、よく亡くなるよね」みたいなジンクスも……。

宇咲愛　ありますね。わたし、「急変」はよくあったんですけれど……助けちゃうから（笑）生きのびて。もちろん、処置をするのはドクターですよ？　でも、わたしがいると、なぜか亡くならないんです。だから……死後の処置とか、実はあまりやったことがなくて。

――愛さんがいらしたのは、産婦人科ですか。

宇咲愛　「産婦人科」と「外科」の各病棟、それに「救命救急（救急外来）」です。

それから……後半は「介護」のほうにも行きました。

池川 えっ！「介護」と「救急」って、正反対ですよね⁉ すごいなぁ〜。

宇咲愛 わたしも当初「やっていけるだろうか？」って思いましたけれど……結果、ちゃんとこなすことができました。

池川 いやいや、サラリとおっしゃるけれど……なかなかできないことですよ。なにせ、思考もやり方もまったく違いますから。まず「介護」になると、「福祉系」の人が入ってきて……これがまた、「医療系」の人たちと、ことごとく噛み合わない（笑）。

つかう言葉も、発想も違うのです。

「医療系」は「この病気をどうするか？」という視点だけれど、「福祉系」はそうじゃないし……って、あくまでわたしの知るかぎり、なんですけどね。

宇咲愛 言わんとすること、わかるような気がします。誤解を恐れずに、申しあげるなら……介護スタッフのなかには「他業界で活躍できなかったぶん、ここでは！」みたいに思っている方も見受けられるんです。もちろん、一部ですけれど。

あとは、ご高齢の方を「自分より下」と見てしまうケースとか。

池川　あぁ〜。ことばづかいからして「おじいちゃん」「おばあちゃん」みたいな人、いますものね。社会的に地位のあった人に対しても、ぜ〜んぶ上から目線というか。
　あれじゃ、お年寄りは腹をたてますよ。

宇咲愛　わたしは管理職でしたから……そのあたりは、徹底的に。テコ入れしました。

池川　おぉ！　すばらしい。でも、そうとう大変だったんじゃないですか？（笑）

宇咲愛　そうですね（笑）。

池川　上司↓「医療系」部下↓「福祉系」という組みあわせだと……。
　部下は「上司の言っていることがわからない」感じじゃないかと。プログラムの作成なんかも、アプローチの仕方がぜんぜん違うんですよ。そもそも介護現場は「医療系」が少ないんですけれど……看護↓介護に移った人が「カンファレンス（会議）でも、話がつうじない」と嘆いていていました。

——なるほど〜。わたしたち一般人からは見えないお話なので、新鮮です。
　ひと口に「介護」といっても、スタッフさんのバックグラウンドはまちまちなのですね。

池川　そうそう。あとは……よく言われているとおり、介護はお給料が……それほど高くないもので、人が集まりにくくて。すぐ辞めてしまう人も多いから「高い質」というのは難しいのです。
でも、保険内でやりくりしなくちゃいけないし……いろいろ大変なんですよ。

宇咲愛　そうですね。なので、わたしのばあいはとにかく「スタッフを育てていこう！」と。まずは、そこに集中して取りくみました。そうしないことには……たとえば、前知識のないスタッフが、平気で四十五度のお風呂に入れちゃったり。

池川　えっ⁉　お年寄りにはまずいですよね。

宇咲愛　はい、キケンそのものです。「なぜその温度に？」と聞いたら「利用者さんがご希望なさったんです」「断ったら、かわいそうじゃないですか」と。ご高齢の方は、皮膚の感覚が鈍くなっておられるから「熱い」と感じにくい。だから「四十五度ぐらいじゃないと、入った気がしない」とおっしゃられるのですが……それが、肺や心臓にどれほど負担をかける行為なのか。そういう基礎的な知識が不足しているから「ご希望だから」と危険なサービスを提供してしまう。「かわいそう」と言うけれど……長い目でみたら、どちらがかわいそうなのか？　一目瞭然ですよね。そういった知識の勉強会をやっていくと……はじめて「命にかかわることだったのか！」と、ハッとする。
「なんて怖いことをやっていたんだろう」と気がついて、くり返さなくなるのです。

――あらかじめ、そういう教育をしてくれる機関はないのでしょうか？

池川　う～ん。「福祉系」の指導に「ケア」のHow toはあっても「身体」へのレクチャーはなくって。

逆に「医療系」は「身体」には通じているけれど「ケア」に対する知識が弱い。

宇咲愛　それから、いわゆる「介護知識」をレクチャーするのは専門家ではなく、「現場の人」。でも、これがまぁ……う～ん、な（笑）レベルだったりするんですよ。

たとえば……利用者さんを「立たせる」介助があったさい、福祉系の人は「まっすぐ」立たせようとします。でも、医療系の人なら「腰を少し、かがめて」立つように介助する。そうすることで、ご本人が（立ち上がる）動きを思い出して……みずから立てるようになったりするからです。そのあたり、わたしはスタッフへの指導を徹底するようにしていました。すると、利用者さんがみるみる元気になっていったのです。

池川　すばらしい！　ちょっとしたポイントですけれど、大きいですよね。

――本当ですね。勉強になります。ところで、介護資格は短期間で取得できるものもあるようですが……それで現場にはいって、すぐに動けるものなのでしょうか？

池川　まぁ……（笑）とにかく人手が足りないから、「どんどんつくらなきゃいけない」

という事情もあって。

――むつかしいですね。それと、デイサービスで送迎担当だった方が「お給料が安すぎて、転職せざるを得ませんでした」とおっしゃられていて。

池川　そうなんですよねぇ～。だから「リタイア後、趣味の一環で」という運転手さんが多いみたいで。

宇咲愛　そうですね。

池川　生活がかかっている若い人は……ちょっと、雇えないですよね。

宇咲愛　そう思います。わたしがデイケアで管理職もやっていたときも、たいていサービス提供スタッフが兼任で……ドライバーをやっていました。
　専属ドライバーさんは一～二名だったかと。

池川　お年寄りの送迎って、気をつけなきゃいけないポイントもいっぱいありますし……けっこう、むつかしい仕事ですよね？

宇咲愛　はい。それこそ一度、重篤の方をデイに連れてきてしまって。
　かなりの冷や汗ものでした。もちろん、すぐ病院にかかって、事なきを得たのですが……以来、かならず「送迎時チェックリスト」をつけるようになりました。

たとえば、「チェーン・ストークス呼吸（中枢神経が障害され、呼吸中枢の感受性が低下したばあい、もしくは脳の低酸素状態でみられる呼吸）が聞こえたら、危険なサイン」とか。

そういった知識がないまま、現場なり運転なりに携わるのは、やはり考えてしまうところですよね。

キワドさMAX！
トンデモ医者に医療スクープ、
そこまでいって委員会!?

池川　まぁ、医療系にもおかしなところはありまして……いわゆるトンデモ医者、とか。

宇咲愛　具体的には？

池川　それこそ、もう亡くなる寸前……というお年寄りに輸血しだしたり。出血しているわけでもないし、どう考えても必要じゃないのに、ですよ。

一同　えーっ！

池川　しかも、異型輸血という。

宇咲愛　めちゃくちゃですね。

池川　けっきょく、それが原因で患者さんはお亡くなりになられて。最終的には、裁判に持ちこまれました。

宇咲愛　ひどい。

池川　ほんとうに。あとは……わたしがまだ医者になりたてのころ、教授と麻酔医の先生と、三人で手術に入ったことがありまして。

するとと、そろそろ手術しおわる……というタイミングで「二〇〇cc出血したから、そのぶん輸血します」と、麻酔医が言いだしまして。二〇〇ccですよ？

「いやいや、いらないでしょ」って。内心、ツッコミまくっていました（笑）。

仮にも医者なのにねぇ……教授もめちゃくちゃ怒ってて。

宇咲愛　なんとまぁ。その輸血は、べつのドクターからの指示だったとか？

池川　いえいえ、本人の判断です。彼もいちおう麻酔医で（笑）ドクターですから。

といっても、まぁ……当時の、うちの大学病院ですからね。

ちょっとヤバい医者もいたのかも（笑）。

――なるほど。ちょうどいま、話題にあがってきたので、お伺いしたいのですが……。

池川　わたしの母校のこと？（笑）

――はい。ちょっとキワドいネタで恐縮ですが、

血液製剤やA副学長のことが印象にのこっていて……。

池川　薬害エイズ事件ですね？

――はい、そのとおりです。

池川　でも……わたしはA教授、けっこう好きだったんです（笑）。

――えっ⁉　なんと（笑）。じゃ、メディアであれだけ叩かれていたのは……。

池川　言うなれば「ヒール役の似合うキャラ」みたいな。

　TVクルーに蹴り入れたりとかね（笑）。

――あぁ、たしかにそれは映えるというか（笑）恰好のターゲットでしょうね。

池川　でしょう？（笑）まぁ……とはいえ、たくさんの方々の人生と、生命に影響を及ぼした一件ではありましたから。安直なことは申し上げられないのですけれど。

　でも、当時の医療の現場として……エイズの原因は、本当にわからなかったのです。あのとき、わたしは在学中でしたが……恐らく、（研究においては）教授も精いっぱいやっておられたのでは？　と信じていて。もちろん、いまになってみると「それはダメでしょう」ということも、ないとは言えない。でも、当時は本当にわからなかったのです。

　それから、不謹慎きわまりないことではありますが……「エイズ患者は、うちが診はじめたんだ！」と、医大が競って名のろうとしたり。とにかく、そういった時代でしたから……功名心もあったのかもしれません。

ちなみに、ある教授から「どうして教授が人気職か、わかるか？」と聞かれたことがあって。

何の気なしに「自分の好きなことを勉強できるから、でしょうか？」と答えたんです。

そうしたら「ば〜か、そんなんじゃないよ。教授って肩書きなら、飛行機だってホテルだって、待遇が違うからだよ！」と言われて……「そんなんで教授になるのかぁ」と（笑）ビックリしましたけれど。

もちろん、そんな人ばかりじゃなくて（笑）まじめな教授もいましたけれどね。

――なるほど（笑）。ちなみに……A教授は（薬害を）知りながら、血液製剤を使っていたのでしょうか？　製薬会社から、お金をもらって。

池川　こんなことを言うと、はばかられるかもしれませんが……当時はたいてい、製薬会社からお金をもらっていました。でも、「害を知りつつ使った」というのは、違うと思います。「血液製剤はいい」と純粋に思ったから使ったわけで、でも……「結果的には、違っていた」と。身もフタもない言いかたかもしれませんが、じつは……医療の世界ではまああることなのです。

――お医者さまも人間ですからね。自分がもし、患者さんの立場だったら「それはちょっと」と言いたくなる場面ではありますが……むつかしい問題ですね。A教授も、さいごまで「知らなかった」と主張してましたけれど……？

池川　それはホンネだと思います。他人に害を与えてまで、投薬するような方ではありませんでしたから。

――そこまで腹黒くはない、と。

池川　はい、そのとおりです。ただ、どうして教授になったのか？　といえば……そこはやっぱりおカネだったのかなぁと（笑）。こんなこと言ったら、怒られそうですけれども。でも、医学部の教授って、研究費もかさむいっぽうだし……必ずしも、「私利私欲のため」とは言えないところもあって。

――なるほど。医大生＝おカネのかかるイメージですけれど、先生サイドも……。

池川　そうなんです。でも、教授に就任すると「おカネの配分を自分で決められる特権（！）」が出てきて。

――いいなぁ～。

池川　ははははは（笑）。でもねぇ……「先生、先生」ってちやほやされるのも、当然ながら現役中のお話で。

あるとき、退官した教授が医局でお茶を飲んでいたら、若いスタッフが「おじさんは誰？」と聞いたっていう（笑）。退官しちゃうと、どんなに有名な教授であろうと「ただの人」ですからね〜。介護施設にはいれば「○○教授」じゃなくて「おじいちゃん」と呼ばれちゃうし（笑）。仕方のないこととはいえ、それで腹をたてる人も多いと聞きます。

——いまのお話で思い出したんですけれど、愛さんはたしか、介護施設でも管理職をなさっていて。

池川　おぉ、介護施設にもいらしたんですね！

宇咲愛　はい。管理職……というか、施設長をつとめさせていただきました。

で、入居者さまをお迎えするさいには「これまで、どういった人生を歩んでこられたのか？」というバックグラウンドの聴取が……そのあとのケアに、とても影響すると感じていたものですから。そこはもう、極力ていねいに、慎重に行なっていました。

ちなみに……わたしが思うに、認知症になる方って「お勉強ができて、まじめなタイプ」という気がしていて。

池川　わかります！　キチ〜ッとしている……印象の方ですよね？

宇咲愛　はい。なかには、現役のドクターも（！）いらして。二回りほど歳下の奥さまがいらしたのですが……認知症がひどくなって「おまえ、浮気してるんじゃないか!?」とか、露骨に嫉妬（と妄想）をしはじめたり。でも、ドクターご自身は「おれは正常だ」と思っていて……なんと、クリニックの経営も診察も継続して（！）おられたんですよ。

「もう、おやめになったほうがよろしいんじゃないですか?」と説得しても聞かないし……ましてや、奥さまが忠告しようものなら暴力をふるったり。ものすごく大変でした。

その方、セカンドオピニオン的なクリニックをやっていらしたのですけれど……。

――なんと！　そんな状態で診療なさっているお医者さんがいるなんて。

ちょっとコワいというか……もはやホラーですね（笑）。

宇咲愛　そうですよね。一般の方からは、そうした内情は見えませんものね。

池川　こまったお話です。

THE白衣マジック！　1／100のアブない確率

宇咲愛　ところで、ドクターが白衣を着ると……それだけで、患者さんは血圧が上がってしまうというか（笑）従ってしまうところ、ありますよね？

池川　ははは（笑）たしかに！　制服の威力たるや（笑）ものスゴくて。とりあえず、医者みたいなカッコしてれば（笑）みんな医者だと思っちゃう⁉︎　みたいなね。わたしはいつもTシャツで診療してるから、白衣を着ると違和感アリアリらしくって（笑）。

レゴラス　あ〜……なら、愛さんも看護師のカッコしたらコスプレになるんやろね（笑）。

宇咲愛　はい（笑）。というのは……わたしの勤めていた老健（介護老人保健施設）の理事長は「白衣を着ない」ポリシーの人で。

「医者だからって、べつにエラいわけじゃないから」って理由だったんですけれど。

でも、彼はまだ四十代だったせいもあって……私服で巡回すると「お～い、どこのニイちゃんが来てんねん⁉」て、入居者さんからツッコまれちゃって。「いえいえ、こちらは先生で……」とフォローしても「い～かげんなニイちゃんやなぁ！」とか（笑）もう、ぜんぜん聞いてくれなくて。でも、生活相談員さんが白衣着てドクターふうに「あなた、お風呂に入ったほうがいいですよ？」なぁんて諭すと「はいっ、先生！」って（笑）。

池川　わかるぅー‼（笑）。

——われわれが、いかにカタチから入っているか？　という証拠ですね。

池川　わたしも似たような経験がありましたよ。クリニックを立ち上げたさい、オープンまで三ヶ月ほど余裕があって。先輩の紹介で「生命保険の診査」のアルバイトを引き受けたんです。そしたら……白衣か否かで、クライアントさんの態度は一八〇度ちがっていて。

私服のときには「保険⁉　カミさんが勝手に頼んだんだろ！」って、門前払いされたり。

宇咲愛　おんなじですねぇ。わたしの話と。

池川　そうそう（笑）。でも、なかには「暑いところ、わざわざご苦労さま」とお茶を出してくれる方がいたり……クライアントさんの人となりというか、

「価値観」にふれるという意味では、貴重な体験だったと思います。
白衣を脱いでみて、はじめて「医者をどう思っているのか？」わかるというか。
残念ながら、たいがいは（医者の）中身じゃなくて、肩書を見ているだけなんです。

宇咲愛　そうですね。

池川　もうひとつ、肩書き的な話をすると……開業医って、医大の先生からすると「一段下」の格付けなんです。

――えっ、そうなんですか⁉　わたしの感覚からすると、独立してやってる開業医さんのほうが立派に思えるんですけれど……。

池川　くだらないよね（笑）。もっと言うと……お産のばあい、助産師さんはさらに一段下にされちゃってる。こんな階層、つくづくヤんなっちゃうし（笑）ナンセンスだなぁと。

宇咲愛　ちょっと時代錯誤ですよね。

池川　おっしゃるとおりです。でも、まだまだ現場って「おいおい」なツッコミだらけで。
ずいぶん前ですけれど、うちの患者さんが出血で危険な状態になってしまって。急いで大学病院に電話したら、若い医者が出て。それがもう、ハナからやる気なしというか、見下したもの言いで……小ばかにしてるんです。さすがにブチ切れて「おい、命がかかってるんだぞ！　受ける気あるのか⁉」と凄んだら、あわてて対応していましたけれど。でも、大学病院は得てして、そんな感じだったように思います。

レゴラス　ひどいですねぇ。

池川　ようやく……というか、だいぶ変わってきましたけどね、いまは。というのも、介護保険がはじまって、医者だけではやり切れなくなったんです。看護師さんが中心になって情報を集めては、医者に伝えてゆく……という流れに変わっていて。そのせいか？　現場では比較的、ていねいな対応になっているような気がします。まぁ、介護保険の審査会とかに行くと、まだエラそうにしている医者もいますけれど（笑）。でも、それって職種のモンダイではなく……。

宇咲愛　その方の、人間性！

池川　そのとおりです。でも……残念なことに現状、医学部の入試において「人間性」は問われていません。そうすると……困ったことに「コイツ、大丈夫か？」という輩が（笑）時たま入ってくるわけです。まぁ、笑いごとじゃないんですけれど……一〇〇人いたら、ひとりはおかしい（笑）。

レゴラス　1／100の確率ですね？

――う～ん、決して低くないような……恐ろしいです！（笑）

医者と社長の「いまここ」事情、意外なる共通点とは？

宇咲愛　それでいうと……介護施設にまわってくる先生たちも、だいぶおかしい（笑）。とくに若い方。小さいころから「僕ちゃん、僕ちゃん」と甘やかされて、メンタルも弱くって。責任をとりたくないという理由で、診断もしないんですよ。

池川　おっかしーい（笑）。なんのための医者なんだか。もう、本末転倒ですよね。

宇咲愛　ほんとうに。老健て、いちおう「医療施設」扱いなんですけれど……その先生たちは診断することもなく、てきとうに理由をつけて（！）外部の病院を受診させていました。

池川　ひど～い（笑）。

宇咲愛　で、先方が病名をつけずに送りかえしてくると「は～ん、こいつ責任とりたくないんだな」って。罵っていましたけれど……「いやいや、あんたも一緒やん！」て（笑）。

池川　なすりつけ合いですねぇ。困ったもんだ。

でも、いまはそういう「責任をとりたくない」先生が多い（！）らしくて。

ある病院の部長も「あれじゃ管理職はむつかしい」と嘆いていました。というのも……その部長いわく、そこの研修医は「部長がこうこう、こんなふうに指導してきました」的な説明を、カルテにこまごま（笑）書き込むらしくて。「おい、こんなくだり要らないだろう。必要な情報だけ書きなさい」と諭しても「いえ、これは部長の指示でやったことですから」と、主張するんですって。とことん責任回避というか、そういうトレーニングをされてきちゃってるみたいですね、子どものときから。

――仮にもお医者さんという立場なのに、だいぶズレていますよね。

池川　そう、ズレている。でも……考えてみると、これは若い人にかぎった話でもないなぁと。なんでかっていうと、大学時代……わたしは臨床実習で各科をまわったんですけれど、たしか小児科だったかな？

カンファレンス（会議）でカルテを見た助教授が「だれだぁ！　こんな指示出したのは!?」と、若いドクターを叱りつけたんです。すると、ドクターが言いづらそうに

「あのぅ……助教授ですぅ」って、ボソッと（笑）。とたんに助教授がサーッと青ざめて「えっ？　いや、あの……これはだね」って、急に言いわけはじめちゃって（笑）。もう、コントさながらでしたよ。

でも、それを見ていて「医療の体質って、こんな感じなのかも」と思えてきて。というのは……たとえば、ある瞬間「正しい」と感じて指示したことであっても、あとから振りかえって「あれ？　まちがえたかも」ってこと、あるじゃないですか。

宇咲愛　つねに客観視するのは、むつかしい……と？

池川　はい。その瞬間の「ドクター主観」の判断と、「ちょっと引いたところからの診断」とでは、やっぱり変わってくるわけですよ。

――　なるほど。たしかにドクターからしたら、目のまえの患者さんに向きあうことで精いっぱい……と。

池川　おっしゃるとおりです（笑）。

――　ヘンな言いかたかもしれませんが、まさしく「いまを生きている」状態というか。

池川　それはもう、真剣勝負ですから……つねに「いま」しかありません。あっ、ちなみに「いまを生きている」といえば♪

ヒカルランドの石井社長さん、ですよね⁉

池川　はははははは（笑）よくご存じで。

——はい、社長さんの宇宙人っぷり（笑）大好きなんです。

宇咲愛　わたしもです！

——ありがとうございます（笑）伝えておきます。

社長はみごとなくらい「いまここ」の人なんです。

池川　最近のおもしろエピソードとか（笑）あるんですか？

——このあいだ……社長と溝口さん（ヒカルランド編集長）ふたりして関西出張に行くことになりまして。で、社長が「溝口くん、頼んだよ！」とハリキッてるから、飛行機からホテルから……あと、社長はグルメだからお気に入りの飲食店とかも、ぜ～んぶ手配して。なのに、当日すっかり忘れて（笑）本人行かずじまいという。

池川　あはははははははは！

——で、ちょうどヒカルランドは愛さんのセミナーで。そのさい、わたしの会場入りが、愛さんより後になってしまって……社長から「著者さんをお待たせするなんて！」と、めっちゃオコられたんです。まぁ、当然なんですけれど。

で、「スケジュール管理は社会人として然るべき……」と社長がつづけていたら、ケータイが鳴りまして。

「もしもし溝口くん？　えっ、出張？　関西？　きょう!?……うっそ〜ん」て。

池川　はははははは！「うっそ〜ん」最高（笑）!!

——もう仕方がないから、溝口さんだけで出張に行きまして。

「じゃ、飲食店はキャンセルで……」と溝口さんが言いかけたら

「いやいや、せっかくだから！　キミだけでも食べてきてよ」って社長が返したんです。

それで後日、溝口さんが「いや〜、あの店うまかったですよぉ」と報告したら

「ずるーい!!　オレも食べたかったのにぃいいいい〜!!」って涙目で（笑）。

池川　あはははははははは！

宇咲愛　かわいらしい（笑）。

——弊社の日常です（笑）。

池川　いやいや、すてきな社長さんですよ。ますます好きになっちゃいました。

——ありがとうございます（笑）。

池川　このエピソードも、マンガにしてほしいなぁ〜。

――名づけて「きょうの石井社長」（笑）。

宇咲愛　そうそう。いつも思うんですけれど、キャラクターがご本人そっくりですよね？　便乗して言わせてもらうと（笑）アシュタールにも、マンガにしてほしいエピソードがありまして。

池川　おぉ、どのような？

宇咲愛　アシュタールって、二十六側面あるんですけれど……あらゆる側面が「シーンごと、交代で」あらわれる感じなんです。で……みんなで合宿をやったさいに「お肌がキュッと上がる」「美しくなる」みたいなサポートを、アシュタールがやってくれたらいいのに！　と、盛りあがりまして。「じゃ、美しさ担当はレディ・アシュタール？」「いやいや、ビューティー・アシュタール⁉」とか（笑）さんざん内輪ネタを言いあっていたんですけれど……それ、マンガにしたらおもしろいだろうなぁと。

――二十六人のアシュタール。

レゴラス　そう。二十六人がクルマ座になって「おい、おまえ行ってこいよ！」とか何とか（笑）押し問答してるんじゃないかと……。

――想像するだけでも楽しそうですね〜。

宇咲愛　でしょう？　こんど、ぜひ描いてくださ〜い♪

もはやツーカーの仲!?
「ヒカルランド重鎮ブラザーズ」こと、
石井社長と溝口さん♪

神さまのウソつき!?「代わらなきゃよかった」と嘆く子ども

――「空の上で、赤ちゃんはお母さんをえらぶ」説も、すっかり定着した感がありますけれど……池川先生のお話でおもしろかったのが、「キョーレツなお母さんに当たりそうになると〝おい、おまえ行ってこい！〟〝イヤだよ、おまえこそ行ってこい！〟って、押しつけあったりするらしい」という……（笑）。

池川　そうそう。さいしょ「よろこんで親を選ぶ」話ばかりだったのが、途中から「イヤだったけど、仕方なく」という子が出はじめて……。

――仕方なく！

池川　そう。あるお母さんが「うちの子たち、わたしのところに来たくなかったみたいですよ？（笑）」と、おっしゃられて。そこの兄弟は、空の上で「負けたほうが先にいく」

と決めてジャンケンしたらしいのですが……。
負けてしまったお兄ちゃんが「行きたくない！」とグズりだしたらしくて。
そしたら弟が「おい、とっとと行けっ！」って突き落としたっていう。

宇咲愛　まぁ……。

池川　荒業ですよね（笑）。で、お兄ちゃんは悔しまぎれに「おまえも絶対！　くるんだからな――っ!!」と、叫びながら降りてきたっていう。

一同　シュールぅ～！

池川　おもしろいよねぇ（笑）。「親選びがイヤだった」エピソードは、それが最初だったと思います。ちなみに、子どもたちは空の上で列をつくって――生まれる、地上におりる順番を待っているそうですよ。

宇咲愛　こっちの世界といっしょですね。ならんで、順番待ちするなんて。

池川　そうなんです。で……さっきの話じゃないけれど、自分の番になって「行きたくない」とグズる子がいるんですって。そうなったとき、神さまの反応もまちまち!?　らしくて。突きとばして落とす（！）タイプもいれば、「困ったなぁ。誰か代わりに～」とオロオロするタイプもいるらしくて（笑）。

レゴラス　神さまなのに（笑）。

池川　人間っぽくて、おもしろいですよね。

で……それこそ「前の子がグズッて、神さまが困っていたから〝行きます！〟と手をあげた」方がいて。

当然ながら「助かるよ～、ありがとう！」と、神さまは大喜びだったそうで。

「きみのことは一生サポートするから！　安心して行っといで!!」と送り出してもらった……そうなんですけれど。

ご本人いわく「あのとき、代わらなきゃよかった」って（笑）。

一同　うわぁ!!　シュール～～～！

トラウマになる生まれかたって？　池川先生イチ推し！　出産マニュアル

宇咲愛　そういえば、「宇宙意識☆覚醒塾」に参加した方から「途中、エネルギーが降りてきて……気分が悪くなってしまったのですが？」とお問い合わせを受けたことがあって。同時に、そのクライアントさんが胎児だったさい「イヤだ、出たくない！」ともがいているようすが視えたんです。それで、「どうやら地球に生まれたくなかったようですね。〝イヤだ！〟という、当時の記憶がよみがえったのでしょう。なんらかの刺激（宇宙エネルギーなど）によって、記憶が再燃することがあるんですよ」とお伝えしたんです。すると、彼女が「わたし、胎内記憶がありまして」とおっしゃられて。「おなかにいるときに〝出たくない！〟と思ったけれど……むりやり出されてしまって」とも。

池川　似たようなケースは、けっこう聞きますね。

レゴラス　「不本意ながら生まれてきて、不本意な人生を歩んでいるのです」と（!!）おっしゃられていました。

宇咲愛　四十代くらいの女性だったかと。

レゴラス　ほんとに「イヤイヤ出された感覚」だったそうですよ。

池川　胎児には「回転して、いきみで出ていこう」という自分なりのリズムがあるんですって。だから、そこで「吸引分娩」とか「鉗子《かんし》分娩」とか……ようは、他人のリズムで急に引っぱろうとすると、すごく怒るんですよ。

なにせ「自分でやりとげる」という、人生さいしょの「成功体験」が……他者からの介入によって「失敗体験」になってしまうわけだから。

そうなると、以後も「人生ぜんぶ失敗する」みたいな……トラウマというか、失敗グセがついてしまう可能性はありますね。最初におっぱいを飲むときもそうです。

ユニセフとWHO（世界保健機関）の『母乳育児を成功させるための10か条』のなかに「母親が分娩後30分以内に母乳を飲ませられるように援助をすること」というのがありまして。

これに沿うと、赤ちゃんはまだ「体を動かせない」「飲む準備ができていない」状態で、いきなり口のなかに乳首をねじ込まれる……ことだってあるわけです。

赤ちゃんからすれば、これは屈辱ですよね。

「自分で這って、飲みにいく」自発的な「成功体験」をめざしてやってきたのに、「他人のペースに介在される」依存的な「失敗体験」からスタートするものだから、「自分でやりとげようとしても、くじけちゃう人生」になる可能性が高いんですよ、そのあとも。

だから「生まれかた」って、すごく大切なんです。

たとえば、吸引分娩も……まずは、子どもの意識にコンタクトして、「いまから、あたまを引っぱるよ？」「うん、いいよ」と会話して、尊重したうえで行うぶんには良いと思うのですが。

そういう点に気がついている医者は、まずいないんですよね。

――なるほど……池川先生から見て、少なくとも「この人なら大丈夫！」と思える産婦人科医は、どのくらいいらっしゃるのでしょうか？

池川　う～ん……というより、まずは「ご本人とご家族」。そこが肝だと思っています。申しわけないけれど「このお医者さんに」という時点で、依存になってしまう。

医者というか、他人に対してね。

それと、お産の主体はお母さんですから――医者も、助産師も、ご家族も、まずはお母さんを中心に考えるべきなんです。病院はアウェーというか（笑）自分のホームではありませんから……とにかく、それだけで体が緊張してしまう。ひいては、それがお産にも悪い影響をおよぼしてしまうわけです。もちろん、医療サイドも「リラックスできるよう」心がけていますけれど――やはり、ご自宅ほどくつろげる場所はありませんからね。

医者は、患者さんの「ふだんの暮らし」までは知らないし……病院だけでホンネを把握するのはむつかしい。

産婦人科だって一緒です。

クリニックでお産するところしか見ていませんから、ぜんぶはわからない。

――たしかに……。よほどじゃないかぎり、パジャマのままで通院したりしませんし。

池川　そうそう。まさにそういうポイントです。

家でスーツは着ないし、パジャマとかスウェットとか……ようは、患者さんの「リアルな生活」が見えるわけです。

まぁ、たとえ訪問診療であっても（医者や看護師に）かしこまっちゃう人、多いんですけれどね。どこか、いいカッコしちゃうというか。
で、この「いいカッコ」というのが、お産ではすごくジャマなんです。
そういうわけで……わたしは医者でも助産師でもなく、
お母さんと赤ちゃんが一体になって創りあげた「世界観」を、
そのまま病院に持ちこめたら――それこそが「理想」だと思っています。
病院だと、どうしてもカッコつけちゃうというか。
他人軸になってしまうから、その世界観がなくなってしまうんですよね。
だから、わたしは自宅出産がいいと思っています。もっと言うと……究極は車中分娩。

――えっ⁉ 車中ですか。

池川 びっくりするよね（笑）。でも、よく考えてみてください。せまい車中で子どもを産むとなれば……見栄をはる必要も、いいカッコする必要もありません。まわりに誰がいるわけでもないし、よけいな気もつかわなくてすむ。産んだら、すぐに抱っこできますし。
わたしは「最高にいいお産だ」と思っています。
でも、こんなこと言うと「なに考えてるんだ！」「命をどう思ってるんだ⁉」って……怒られちゃうんですよ（笑）。

赤ちゃんのメッセージにみる死生観、あるクライアント母娘のやりとり

池川　命を大切に思うのなら。赤ちゃんの「生まれる」という意志と強さを信じて……いったん、ぜんぶまかせてみる。「死産」もありきで、赤ちゃんにゆだねてみる。というか、お母さんが「サポートする」という姿勢でいるのが、一番いいんじゃないかと思ってるんです。

宇咲愛　死産もありきで……？

池川　そうです。「死」を、どこか受け身的に？　まるで降りかかってくるもののように捉えてらっしゃる方も多いけれど、じっさいのところ……寿命は自分で決めてますからね。生まれてくる前に。そう考えると、「生まれると同時に死ぬ（＝死産）」という選択肢だって、ぜんぜんありなわけで……もちろん、お母さんと家族にとってはつらいですよ。でも、

あくまで「赤ちゃん自身が、選択したことなんだ」と思って……尊重してあげる。

ちなみに、「尊重する」ことと「よろこぶ／イヤがる」ことというのは、まったく別次元の話なんです。

宇咲愛　なるほど……。そういえば、わたしがいた救急外来で「陣痛がきたから、救急車で向かいます！」と連絡を受けたことがあって。でも、運わるく踏切でつかまって、立ち往生してしまったのです。そうこうしているうちに、赤ちゃんの頭が出てきてしまって……同乗していたお姑さんが、思わず。押さえつけてしまったんですね。それで、赤ちゃんは窒息してしまって……病院に着いたときには、すでに息をしていませんでした。でも、ストレッチャーの上から「子どもは、無事ですか？」と、お母さんが何度も聞いてきて……さすがにわたしたちも「大丈夫ですよ」と言うしかなくて、本当につらかったです。赤ちゃんはいったん蘇生したものの、結果的には助かりませんでした。

これも、赤ちゃん本人が決めてきた……ことなのでしょうか？

池川　おそらくは。あたりまえですけれど、「生きる」「死ぬ」に直結するできごとって、とてもメッセージ性がつよいと思うんです。で、それらをとおして、ご家族……のみならず、それこそ医療スタッフとか。関わった人みんなに、メッセージを届けにきているんじゃないかと。

以前、流産した赤ちゃんに「ダウジング」をつかって、問いかけたことがありまして。「赤ちゃんは〝メッセージを持ってくる〟と聞きましたが……本当ですか？」と質問したら「ＹＥＳ」。

「では、いくつ持ってきますか？　ひとつ？」とつづけたら「ＮＯ」。「ふたつ？」でも「ＮＯ」で……だんだん増やしていったら「二三〇個」くらいで（！）ようやく「ＹＥＳ」と出て。

「そんなに⁉」と驚きつつも「じゃあ、そのメッセージを誰かに伝えたいですか？」とたずねたら「ＹＥＳ」。「とりあえず、わたしだけでも聞きますから……おしえてください」と問いかけたら……わたしに対しては「生きている子と同じように、あつかって」というメッセージが来たんです。

たぶん、聞き手がお母さんなら、また別のメッセージなのだと思うし……とにかく、赤ちゃんはあらゆる人に向けたメッセージを持って生まれて、それを同時に発しているのだと感じました。

とくに、赤ちゃんが亡くなるさいには「このさき、こんなふうにしていってね」という趣旨のメッセージを託すことが多い。まわりで関わった人、それぞれにね。

たとえば……さきほどの話でいくと、救急隊の人たちとか。

「亡くなってしまった」というのは、救急隊にとってもショックじゃないですか。「命を救わなきゃいけない立場なのに、それを果たせなかった」という無念さでいっぱいだと思うし。踏切という不可抗力はあったにせよ……やはり、いろいろ考えざるを得ませんよね？

「もっと、何かできたんじゃないだろうか？」「こんどおなじことが起こったら……救急隊で赤ちゃんを取り上げて、助けることは可能だろうか？」とか。対策というか、可能性をさぐりはじめると思うのです。で……それこそ「つぎの機会」に助かった子どもが、世のなかを変えていったりする。そこまで含めて、彼らのメッセージだったりするわけです。

とにかく、そのように連鎖してゆくことこそ……ひとつの「生きる／死ぬ」といえるのではないでしょうか。

そういう視点で見たら、「死ぬのは悲しいけれど、悪いことじゃないよね」という発想になってゆく。だけど……現状、そんなふうに思える人はまだ、なかなかいなくて。「死産でもいい」なんて言おうものなら、友だちをなくします（笑）。

虐待だってそうですよ。「虐待する親をも、子どもは死んでもいいというのか⁉」とクレームが来て、小児科医から「じゃ、子どもは死んでもいいというのか⁉」とクレームが来て、二度と口をきいてくれなくなりました（笑）。

宇咲愛　でも、「子どもは親を選んで生まれてくる」というのは……そういう側面をも、あらわしていますよね？

池川　そう。誤解のないように補足すると……もちろん、死ぬために生まれてくるわけじゃありません。やっぱり親を幸せにしたいから、やって来るんです。

で、空の上にいるときって（良くも悪くも）三次元的な実感がないから……「虐待するお母さんでも平気」みたいに、カンタンに捉えているようなんです。でも、いざ「生まれる」となって、だんだん下界に近づいてくると……心が重くなるらしくて。そうすると、ワクワク感が薄れて「うわ、これはちょっとムリそう」と焦りだす。それで（元の場所に）戻れる子はまだしも、ある地点まで来ると……シャッターがおりて、帰れなくなってしまうそうで。それで仕方なく、おなかに入るんだけど……生まれたくないから、とにかく「生まれないように」抵抗する。

このとき、なんとしてでも帰りたい子は「流産」という手段に出ます。

誤解を恐れずに言えば……ある意味で、ラッキーな子。

宇咲愛　ラッキー⁉

池川　そうです。前提として、本人が「帰りたい」と思っているわけですから……それが叶ったならば、ラッキーかと。帰りたいのに帰れなくて、生まれてくる子は……そのあと、結構つらいんですよ。

宇咲愛　そうですね……つらい人生。

池川　はい。でも、たとえばお母さんに「わたしを助けるために、あなたは来てくれたのね」という発想があれば、だいぶ変わってくるのですが。

残念なことに……そういう発想はほとんどなくて。

「自分の幸せのために、子どもが来てくれた」とは考えてなくて「こんな忙しいときに生まれて！」とか「産みたくなかったのに‼」とか言いはじめてしまう。

宇咲愛　それで思い出したのですが……以前、高校生のお嬢さんを連れたお母さんがセッションにいらっしゃって。お嬢さんはちょっとグレていて……そしたら、ふいにお母さんが「この子がいる限り、わたしは幸せになれない！」と、彼女を指さしはじめて。

池川　えーっ！　なんとまぁ……すごいですね（笑）。

宇咲愛　もう呆れるやら驚くやら、わたしも「なんてこと！」と思って見ていたのですが……お嬢さんは慣れているのか「もう、またそんなこと言って」とサラリとかわしてて。

池川　おとな（笑）。

宇咲愛　そうなんです（笑）。お母さんが「愛さん、この子は水商売してるんですよ？止めてやってくれません⁉」と訴えてきて……すかさず彼女が「何いってるん？　あんたが〝お金足りへん〟いうから、わたしが稼いで貸してるんやないの」と反論してきて。そしたらお母さんが「でも、返したやんか！」とか言いはじめて。

池川　（笑）どんな親子の会話なんでしょうね。

宇咲愛　もう、むちゃくちゃです（笑）。で……わたしがちょっと厳しいことを言ったら「ふん！　愛さんは幸せそうだし……どうせわたしの気持ちなんか、わかりっこない」と、お母さんがスネはじめたので「そうですね、わかりませ～ん」と返したんです。

池川　はははは（笑）。

宇咲愛　「たとえ、わたしがおなじ境涯に生まれようと、思考回路が違うから……おなじ人生にはなりません。だから、わたしには一生わかりません！」と、キッパリ申し上げました。

じつは、その場にはもうひとり、中学生の妹さんも居合わせたのですが……。

お母さんがプリプリして帰ったあと、彼女がトトトッと駆けよってきて

「愛さん、母が迷惑かけてすみません」って。

池川　よくできた子ですね（笑）。

宇咲愛　ホントです（笑）。で……あるとき、そのお母さんのSNSを見ていたら、そのお嬢さんが結婚して、お子さんが生まれることになったみたいで。

あら素敵……と思っていたら「こんど、孫が生まれるんです。以前、愛さんが使っていたスリングはどこのメーカーのものでしょうか？　お祝いに買ってあげたくて」と、お母さんがメールしてきたんです。

池川　おぉっ、ようやく!?　お母さんがお母さんらしく（笑）なりましたね。孫ができると変わるのかなぁ。

宇咲愛　きょうも、そのお母さんからFace bookの友達申請が来たんですけれど。

添えられたメッセージも、総じて明るい内容で。「この人、変わったなぁ」と思いました。

人間って、変わりますよね？

池川　はい、それも意外と？　反発している人ほど変わります。

たとえば……いまは「カルテ開示」があたりまえですけれど、むかしは「とんでもない！」という意見が多くて。医者にアンケートをとっても「反対」が圧倒的でした。

ところが、三年後に再アンケートしたら、こんどは「賛成」多数だったんですよ。

キホン的には「患者さんのために」という医者が多いですから……きっと「患者さんのためになる」と理解したとたん、賛成に切り替わったのだと思います。

ただ、「反対」でも何でも……ようは「意見をもっている人」は変われるんだけど、無頓着というか「自分がない」タイプはむつかしいですね。

患者さんにも時おり「先生には、わたしの気持ちがわからない！」と抗議する人がいるけれど、愛さんとおなじで「そうですね、わたしはあなたじゃないから（笑）わかりません」と言っちゃうんです。すると、さらに怒っちゃって……二度と来ない（笑）。

——先生が楽しそうにおっしゃるのが、また……（笑）。

池川　しゃくにさわるんでしょうね（笑）。よく、「ブラックあきら」と言われます。

一同　あははははははは！（笑）

「順調にうまくいっていない人生」上等！ハプニングありきが断然おトクな理由とは

池川　そういえば、ある人から「自分で人生を選んで生まれる……と、先生はおっしゃいますけれど。わたしはこんなに大変な人生、選んだおぼえありません！」と言われたことがあって。ならば、と

「じゃ……たとえば〝生まれてから死ぬまで、な〜んも不自由ありません〟ってストーリーの小説があったとして、読んでみたいですか？」と聞いたら「いいえ」。

「じゃ、こんどは〝破産して、ジリ貧で、苦労して……でも、運よく遺産が入って、幸せになりましたとさ〟ってストーリーならどうですか？」と聞くと

「あ、それなら読みたい！」って。

――『小公女セーラ』とか『おしん』みたいな（笑）。

池川　そうそう（笑）。さいしょっからヒロインが幸せだったら、ドラマにならないでしょう？　さきほどの方にも「いま、ご自分で答えを出されましたよね？」と言ったら「あ……そっか」「そういうことかぁ」って（笑）。

おおいにナットクして、帰っていかれました。

ようは……あちらの世界では「大変な人生」のほうが、オモシロそうに見えるんですよ。魅力的にうつるというかね。でも、いざ決めて（空の上から）降りてくるにしたがって……だんだん重たくなってくる。シナリオを読んだときには「このストーリー、オモシロそう！」「主役やりた〜い」とハシャぐけれど……いざ、本番が迫って「練習しなきゃ」となると……主役は大変じゃないですか？「通行人A」だったらラクだし（笑）そっちを選べばいいのに、みんな「主役になりたい！」と言うんですよ。ならば……出番もセリフも多いのは覚悟しなきゃいけないし、やっぱり自分で選んでるってことですよね？

そういうふうに考えたら、つらそうな人も「望みどおり、つらい人生を送っている」わけで……シナリオどおりなんです（笑）。

こんなことを言うと「なんてブラックな！」と睨まれるんですけれど（笑）。

——順調にうまくいっていない、と（笑）。

池川　そう！「うまくいかない人生」を選択しているわけだから……順調ですよね？「順調じゃないことを、順調に過ごしている」すばらしい人なんです（笑）。たぶん、わたしたちは「あの世＝幸せな世界」から来るわけじゃないですか？そうすると、おなじように「幸せな世界」を行き先には選ばないはずなんです。旅行だって、自分が住んでいるのと同じような景色は選びませんよね？非日常をめざすというか。やっぱり、刺激が欲しいじゃないですか。

――あちらの世界では、肉体がないから「痛い、という実感がない」とも言われますよね？

池川　そう、そう。たとえば「虐待されて、たたかれると痛い」という情報はあっても「どれほど痛いか？」という実感まではわからない。

やっぱり体験しないとわからないんです。

だから、みなさんヒマラヤに登ったり、アマゾンを探検したりするんです。べつに行かなくたっていいじゃないですか（笑）。本やネットで情報だけストックすればいいものを……じっさいに行って、わざわざたしかめる。で、ヒマラヤで凍傷にかかって指を失っても……めげずにリトライしたり。「やめときゃいいのに」と思うけれど（笑）大変であればあるほど……楽しいのでしょうね、きっと。

渦中は大変だけれど「終わってみたら、いい思い出」みたいな。

幸せなだけの人生より、
大変なことがあればあるほど、その実感は大きいのだと思います。

宇咲愛　たしかに～！　旅行でも、大変だったときのほうが（笑）記憶に残りますよね？

池川　そうなんですよ。以前、カナダを旅行したさい、きれいな湖をいっぱい見た……はずなんですけれど（笑）ぜんぜんおぼえてなくって。地名すら、思い出せないんです。

でも、いっしょに行った人のカバンがなくなって「大変だ～っ！」って、探しまわったことは忘れない（笑）。

だから……いわゆる「パックツアー」って、いいとこ取りじゃないですか？

でも、さっきの話でいくと「いいとこだけ見たって、あんまり意味ないんだけどな」となって。けっきょく、ガイドブックやプランにとらわれない「カミさんと街あるき」みたいなのが一番……という結論になっちゃった。行きあたりばったりで「ここのお店、おいしかったね！」とか「ハズレだったね」とか（笑）そっちのほうが、よっぽど旅行した実感があるんです。

――ネタになりますよね。「びっくりするほど、まずかった！」とか（笑）。

池川　そうそう。「そんなにまずいの？　行ってみようかな」って人も出てくるかもしれないし（笑）。

――江原啓之さんも、講演会でおなじことをおっしゃられていました。「みなさん、〝つつがない人生〟を望まれるけれど……波風のまったくない人生、果たして楽しいと思われますか？　旅行だってそうでしょう。順調にいったことって、案外覚えていない。逆に〝あのとき、あんた転んでケガしちゃって大変だったじゃない！〟みたいなのは、くっきり記憶にのこってる。で、そういうアクシデントって……あとから見ると、けっこういい思い出でしょう？　人生もそれとおんなじです」って。

池川　おぉ！　わたしも江原さんに近づいてきたかな⁉（笑）

宇咲愛　オーラが似てきたかも（笑）。

――そのうち、オペラとか歌い出すかも（笑）。

池川　あっ、歌はちょっと……ダメかも（笑）。

宇咲愛　いやいや、イケますよ！

池川　じゃ、ぜひデュエットで（笑）。

にしても……江原さんのおっしゃる通りですね。楽しいことばかりだと、そのときはいいけれど……あとから振りかえって、自慢できるものがあまりない。よく、お年寄りが「わたしはこんなに大変な人生で」と、不幸自慢を（笑）するじゃないですか？　そこで「家族みんな仲よし、孫にも恵まれて」みたな話をしても、だ～れも耳を貸しません。「あっ、そう」で終わり（笑）。でも、悲惨なエピソードには「えっ、それでそれで⁉」と身をのり出すじゃないですか。それと似ているなぁと。

自分の人生を振り返ったとき、つらいこともあったほうが……収穫が多いように思うんですよね。

——映画や小説も、そのほうが見応えありますものね。

池川　もどかしい主人公とかね。「ど～して、それやっちゃうの⁉　ますます面倒くさくなるじゃん！」みたいな（笑）。でも、そこで感情移入して……やっぱりスパイスになるというか。心に残りますよね。

宇咲愛　「地球に降りたい」という人は……まず、宇宙で「マスター・クリエイター」にプレゼンをして、志願するんです。

なので、いま地球にいる方は全員、選りすぐりというか。

言いかえると「生まれるだけで、まるもうけ」という世界なんです。

池川　生まれることができない人も、いっぱいいますものね。

レゴラス　プレゼンが通らないことには、地球に降りて来られませんし。

宇咲愛　だから、いま地球に来てはる人は、みんな「プレゼンが上手やった」ということなんです。プレゼンが通らなかった仲間も宇宙にたくさんいて……わたしたちは、いわば「代表」として降りてきたわけです。

で、宇宙に帰ったら「地球はこんな感じでした」と報告しなきゃいけないんですよ。だから、「楽しかった」でコメント終わり！　だと……ぜったいみんなから「何してきたん？」って（笑）ツッコまれちゃう。

池川　むこうの世界は、そもそもが「楽しい」だけですからね。なのに、わざわざ出張したさきの感想も「楽しい」だったら「行く必要あるの？」ってなりますよね。

宇咲愛　「愛と光に満ちた地球は、温かかった」みたいな感想だったら、「えっ、こっちの世界と一緒やん？　ここにおってもよかったやんか？」って。

池川　向こうでは「つらい／苦しい」体験をする機会がないから……やっぱりそこがポイントというか、醍醐味ですよね？

宇咲愛　そうそう！

池川　「それでそれで？　もっと聞かせて!!」って、注目される（笑）ポイントなんです。

「〝たたかれて痛い〟って……どんな感じ？　くわしく教えて！」って。

やっぱり、肉体があると選択肢が増えるから……そこは決定的ですよね。

ということは、わたしたちが生きる理由のひとつに、

「肉体あってこその体験をする」ことが挙げられるのかもしれません。

宇咲愛　はい、まさしく。それは大きいですね。

池川　肉体があると、制限というか……不自由なこともありますけれど。

でも、それも含めて死んだあとは「おいしいネタ」に仕上がるなと（笑）。

そういうことなのでしょうね。

踊る！ お義父さん♪
霊界デビューでキャラクターも七変化!?

宇咲愛　レゴラスさんのお父さんはカミナリおやじ……とでもいいましょうか？　生前はとても厳しくて、こわい印象の方でした。裁判所に書記官としてお勤めするいっぽう、表千家でお茶の先生もやっていらして。わたしは裏千家を習っていたせいか（笑）よく怒られていましたよ。

池川　うわぁ、書記官でお茶の先生！　聞くからに（笑）厳しそうです。

宇咲愛　はい（笑）それはもう……いろいろとエピソードはありますけれど、お正月にご挨拶に伺ったさい、掛け軸のことで怒られたりとか。

池川　掛け軸？

宇咲愛　はい。言われてみれば……見なれない掛け軸がかざってあったんですよ。

でも、わたしはそんなの、ぜんぜん気にしていなくて。

——旦那さんのご実家、というだけでも緊張しますよね。

宇咲愛　そうそう。でも、お義父さんは、それが気に入らなかったみたいで。「あんたにはこの掛け軸の、おもてなしの心が……わからんのか⁉」と、オコりはじめたんです。「あんたらが来るというから、庭の草花を飾ったんや。それがわからんのか？　あんた、お茶習ってたんやろ⁉」とまで言うから「習ってましたけれど、それは教わっていません」と返したら「なんでやぁ～‼」と、畳みかけられて（笑）。「なんでか知りませんが、教えてもらっていません」と返しましたけどね。

池川　冷静（笑）。

宇咲愛　はい、わたしは動じないほうなんです（笑）。で……そのお義父さんが亡くなったさい、お通夜に幽霊として（！）あらわれて。ほかの人には視えなかったようですが、わたしは目があっちゃって（笑）。それがもう、めっちゃおどけてて……こ～んな感じで（両手をあげて）踊ってるんです。あんまり楽しそうにヒョコヒョコしてるから、もう、おかしくって。不謹慎ですけれど……笑いをこらえていたら、お義父さんがスーッと近寄ってきて。そこでまた、踊ってるんですよ（笑）。

そのときに、「肉体を離れると、自由なんだなぁ」って。そう思いました。

――むかしから「亡くなられたご本人も、お葬式を見にくる」といいますよね？

池川 そうそう。それで、ご本人が「みんなに話しかけたんだけど、ぜんぜん気づいてくれなくて寂しかった」という話も聞いたことがあります。

――余談ですけれど……丹波哲郎さんのお葬式のさい、美輪明宏さんと江原啓之さんだけが（丹波さんの霊体に）気がついたそうです。

愛さんのお話といっしょで、ご本人はいたって楽しそうだったとか（笑）。

池川 おもしろい！ オカルトの元祖ともいえる丹波さんに、ぜひ「死後インタビュー」とかやってみたいですねぇ（笑）。「じっさい、死んでどうだったの？」とか。

――あははは！（笑）そういえば、石井社長は丹波さんの本も手がけてまして……。

もちろん、生前ですけれど。だから、可能性はなきにしもあらず？ かなぁと。

池川 ぜひぜひ（笑）。とにかく、「亡くなった人って、楽しそうなんだ」というのがわかるだけでも……これからは高齢化社会ですし、

けっこう励みになるメッセージなんじゃないかなぁと。

宇咲愛 そういえば……このあいだ、ふいに見慣れないエネルギーがやってきまして。

「他界している方だな」とわかったものの「光の存在でもないし、浮遊霊でもないし」みたいな……めずらしい感触だったんです。でも、ヘンな感じはしなくって。そしたら数日後、クライアントさんから「八〇代の母が亡くなりました」とご連絡いただいて。

「あっ！　きっとご挨拶に来られたんだわ」って、ピーンときたんです。

そのお母さまは、ご病気になられたタイミングで『はじめまして、アシュタール（宇咲愛著／KADOKAWA）』を手にとってくださって。そこから、宇宙とか……いろいろ信じるようになって、心身ともに回復なさって。マラソン大会に出場なさったり、とても元気に過ごされていたんです。でも、「最近また体調を崩して……そのまま亡くなりました」というお話でした。直にお会いしたこともありましたし、わざわざご挨拶に……と思ったら、胸がいっぱいになって。お嬢さんにも、この件をお伝えしたところ「そうでしたか……でも、なんだか安心しました」と。そうおっしゃられていました。

池川　ご家族とか……のこされた方々が「安心する」というのは、大切なことですよね。

愛さんの「アカンかった体験」と死後テレポーテーション

宇咲愛　レゴラスさんのお母さんが亡くなったときも、似たようなことがありました。もう長らく、入院していたのですが……あるとき、お母さんの意識が朦朧《もうろう》としてきて。それがちょうど、うちの娘が結婚式を挙げる前日だったんです。でも、式をキャンセルするわけにもいかないし……うしろ髪を引かれる思いで「お義母さん、がんばって生きていてね。結婚式の写真もってくるからね」と声をかけて、帰宅したんです。

でも……どうやら、それがアカンかったみたいで。

池川　えっ？

宇咲愛　もともと、茶目っ気のあるお義母さんだったんですよ。で……わたしから「結婚式」と聞いたものだから「見にいってやろう」と（笑）思ってしまったらしいんですね。

当日、式場に向かっている車中で「母、危篤」との知らせを受けとりました。きっと肉体から抜け出して、式を見にきたのだと思います。でも、さすがに娘には言えませんから……式が終わったあとで「じつは」って。もう、当然ながら娘は大泣きです。「お父さん、ごめんなさい！　わたしのせいで、おばあちゃんの死に目に会えなかった……」って。

そしたら、当のお義母さん（の霊体）がスーッとやってきて「結婚式、見たよぉ～♪綺麗《きれ》かったよぉぉ～♪」と（笑）うれしそ～うに話しかけてきて。しゃべりかたもまんま、生前のトーンだったんです。もちろん、娘にも伝えて「これでお通夜だね」って。

池川　いいお通夜ですね。

――よく、俳優さんが「本番前に、危篤の知らせが……でも、終演後に駆けつけるしかありませんでいた」とおっしゃられてるじゃないですか。でも、いまのお話でいくと、亡くなられた方は「見にいきたかった」のですね。

こちら的には悲しいけれど、あちらの世界では……。

宇咲愛　そう。「身がるになって、見にいきたかった」ってことなんです。

池川　これはすごいお話ですね！

宇咲愛　あとは……レゴラスさんのお母さんは、とてもお料理のお上手な方で。

生前、お義母さんから「直伝メニュー」をおそわって、何度もトライしたのですが……なぜか、うまくいかなくて。レゴラスさんは優しいから「おいしい、おいしい」と言って食べてくれるけれど……やっぱり、お義母さんの味じゃないんです。

だからずっと「どうしたものかなぁ」と思っていたんですね。

それで、お義母さんが亡くなって、「久しぶりにつくってみよう」とキッチンに立ったら……フッとお義母さん（の霊体）がやってきて「あ、そこ、やりかたが違う！

まずはこの食材を入れて……はい、つぎはオジャコ炒めて。あ、それは入れない！」とか……手とり足とり、ぜ〜んぶ教えてくれたんです。言われたとおりにつくって、黙って食卓に出したら「あっ、母さんの味や!!」って、レゴラスさんが叫んでました（笑）。

亡くなってから、指導しにきてくれたんです。

池川　すごいですね！「死後ティーチング・システム」（笑）。

レゴラス　ヘンな言いかたですけれど……亡くなってからのほうが、コミュニケーションしやすいケースもありますよね？

池川　たしかに。肉体によって、いろいろと制限も生じますし……コミュニケーションしづらくなるというか、肉体がホンネの邪魔をするというか。

宇咲愛　そうそう。
常識というか「ねばならない」みたいな観念に、とらわれやすくなるんですよ。

池川　なるほど。それでいくと、仲の悪い親子なんかも「肉体」という枠をはずして「心」で通いあえたのなら……うまくいくのかもしれませんね。でも、そもそも「仲の悪い」ことじたいに、意味があるのかな？「いったん破壊しておいて、もとに戻す」プロセスによって……ふつうの親子関係では成しえない「しあわせ」を構築できるかもしれない。
もともとヘビーな家庭に育った方にとっては「ふつうの親子関係」こそ、ものすごい幸福じゃないですか。

――おっしゃるとおりです。うちもそれこそ、大変な家でしたから。
なんてことない日常こそ、宝ものだと感じます。

池川　そうですよね。俳優のヘンリー・フォンダと、娘のジェーン・フォンダは仲が悪かったそうなのですが……あるとき、『黄昏』という映画で共演することになって。それも親子役という。映画のストーリーが実生活と重なったのがよかったのか？　結果的には、ふたりは和解を果たしたそうで。
そういう話を聞くと、なんともドラマチックだなぁ～って。そう思いません？（笑）

――もう、ひとごとだと思って～（笑）。渦中にいるときはなかなか、大変ですよ？

池川　ははははは（笑）だよね～。もちろん、絵に描いたような「円満ファミリー」である必要はないし、親子仲が悪くたって、ぜんぜんいいと思うんです。人それぞれですし。でも、せめて死ぬまぎわ……その一瞬であっても「親子である幸せ」を実感してもらえたら、と。そんなふうには願っています。

――そうですね。それはわかるような気がします。

レゴラスさん、語る！ 僕と父との物語～死後&生前をとおして～

宇咲愛　レゴラスさんのばあい、親御さんが亡くなってから……コミュニケーションがはかれるようになったんです。

池川　えっ、亡くなったあとですか？

レゴラス　そうですね。

池川　興味深い。具体的には……どのようにして？

レゴラス　う～ん。メカニズムはわからないのですが……とにかく、ちゃんと話ができるようになって。コミュニケーションできるようになったんです。生前、父はすごくかたい人だったから、自由にやりたい僕とは合わなくて。人きらい（！）だったんです。

池川　それは、子どものときから……？

レゴラス　そうですね。もちろん、本当は大好きなんですけれど……お互いにわかり合えなくて。実家にいても気まずいというか、居心地の悪さみたいなものがありました。だから……大学もあえて地方を選んで、家をはなれたんです。
就職は大阪でしたけれど、やはり帰省はしないままで。音信不通とまでいかないけれど……なにか「その世界に、僕はいないほうが自然」という感じで。
親の考えていることも、ずーっとわからないままでした。
で、もう亡くなる直前……寝たきりで、しゃべれない状態になって。そこではじめて「そんなふうに思っていたのか」と。お互い、わかるようになったんです。
「ホントはそういうことを言いたかったんやな」みたいに、対話ができるようになった。
——ことばではなく、フィーリングとしての対話……。
レゴラス　そうですね。「通じ合うものがある」と、感覚としてわかったというか。
宇咲愛　お義父さんがエネルギー体で、よく訪ねてきていました。
レゴラス　そうそう。「〇日くらいに逝くからね」って、さいごも挨拶しにきて。なんというか……僕が「感謝できるようになるのを待って、亡くなった」という感じでした。
池川　生きているあいだに感謝することができて、よかったですね。

レゴラス　そう思います。

池川　そのときに……いちばん感謝できたのは、どんなことでしたか？

「親としては愛情のつもりが、子どもには反発されて」って、よくあるじゃないですか。

「愛情を認識した」というか、

「イヤだと感じていたものが感謝に変わった」ポイントというか……。


レゴラス　う～ん（と、思いをめぐらせる）。

ちょっと、うまいこと出てこないんですけれど……たとえば、

「これを伝えたかったのか」とか「心配して助言していたんだ」と、わかったというか。

池川　「イヤだと思っていたけれど、じつは……自分を心配するがゆえの言動だった」。
そう理解することができた……ということでしょうか？

レゴラス　そうですね。血がつながってるから当然ともいえるんですけれど、
やはり「自分と似ているなぁ」って。
父はいっとき、病気で働けなくなったことがあるんですよ。ずーっと家にいてゴロゴロして、代わりに母が働いて……それ、僕はすごくイヤだったんです。まぁ、からだの病気だけじゃなくて、うつになったりとか……もろもろ事情はあったにせよ、

「なんか、好きなことばっかしてるやん」みたいな。「俺ががんばって家族を支えていこう」っていうのが感じられなくて。

池川　「男としてどうなの？」みたいな感じで見ていたわけですね。

レゴラス　そうですね。あと、父の感覚って、ちょっと常識とは違うところがあって。口では「常識的に生きないと」みたいなこと言うし、まわりにもそう求めるんだけれど、本人はけっこう自由というか……（笑）勝手な面を見せられて。

池川　「おいおい、言ってることとやってること違うぞ⁉」と（笑）。

レゴラス　そうそう（笑）。

池川　あー……その矛盾、子どもとしてはイヤですよね～。

レゴラス　それが、亡くなるまぎわに「本当は、もっと自由に生きたかったんだな」と。父の葛藤みたいなものを含めて、ひしひしと伝わってきたんです。

で、その精神性というのは……僕がいま、持っているものと近いんですよ。

池川　お父さん、本当はきっと――レゴラスさんと、おなじことをやりたかったんですよね？

レゴラス　そうですね……というか、「そうかもしれない」と感じることはありました。

父も、肉体にとらわれなくなって、はじめて「そういうことを口に出せるようになった」というか。すなおに表現できるようになった感じでしたね。

池川　「僕とおなじように、自由に生きたかったんだ！」と、わかったら……ちょっとうれしいですよね？　でも、お元気だったときには、素直になれないお父さんがいて。

お亡くなりになったいま、「僕がお父さんのぶんまで生きるから」みたいなご心境で？

レゴラス　いえ、そういうのは全くありません（笑）。それこそ、死んでからも親孝行できるし、交流できるし……とにかく、「親の死に目に会えなくても、自分を責めたりしなくていい」というのは、自信を持って言えます。

僕自身の体験から、「大丈夫ですよ」って。

宇咲愛　きっと、こうやってシェアするための体験だったのでしょうね。

池川　すてきなお話ですね。これからきっと、親の死に目に会えない人もいっぱい出てくるし、それで後悔している人もいるはずなんです。「親孝行できなかった」って。でも、「そんなことないよ」って、自信をもって言ってもらえたら……勇気づけられますよね。

レゴラス　生前はとにかく、わかり合えないことだらけでした。学生時代はもちろん、社会人になってからも……父に「旅行しよう」と提案しても即、却下！　みたいな（笑）。

取り合ってもらえなかった。

だから、僕も長らく「親孝行できなかった」みたいな感じでした。

でも、最終的には……「親は、子どもが幸せになることを望んでいるんだ」とわかって。

いちばんいけないのは、

「なんで産んだんだ！」「たのんだ覚えなんかない！」みたいに恨むことです。

「産んでくれてありがとう」「生まれてよかった」と、
思えることこそ……いちばんの親孝行なんじゃないか？　と思ったんです。

だから……べつに生きていようが、死んでいようが、わかり合えてなかろうが、
離れていようが……いつでも親孝行はできる！　と割りきれたんです。


池川　すばらしい。みなさんにもぜひ、知ってほしいお話ですね。

――よく、「お墓参りに行けなくても（心のなかで）話しかけたら、気持ちは伝わる」

と言いますけれど……こういうことだったのですね。

わたしも、いまのお話で腑に落ちました。ありがとうございます。

ご先祖さまにお願い！ 愛さん直伝の超コミュニケーション

宇咲愛　職場とかで、女性どうし……意地悪されたりとか。あったりするじゃないですか？　そういうときにわたし、とっておきの方法を使っていました。カンタンなんですけれど、お相手の（うしろにいる）ご先祖さまのご供養をするんです。そうすると……アラ不思議！　ってくらいに（笑）変わっちゃうんですよ。いま、思い出しました。

池川　ほう、イヤな人のご先祖供養！（笑）

宇咲愛　そう（笑）。これ、おすすめですよ～。

池川　思うだけでいいんですか？

宇咲愛　はい。手をあわせて、思うだけです。

池川　「幸せになるように」と祈る感じで……？

宇咲愛　そうです、そうです。

――ご先祖様に向かって対話をすると、現実がうごく……という体験談はけっこう聞きますよね。

宇咲愛　スピリチュアルを知らない時代から、無意識にやっていました。まだバリバリの現実主義だったときから（笑）。

池川　看護師さんだったときに？

宇咲愛　はい！

池川　それはすごい（笑）。

だって、医療現場では霊の存在……というか、話題じたいがアウトじゃないですか。

宇咲愛　ですねぇ（笑）。アウトでしたけれど、やっていました。

わたしのなかでは、ごく自然なことだったんです。

――医療系は、スピリチュアルとか幽霊とか……信じない方が多いのですか？

宇咲愛　信じないですよ（キッパリ）。

池川　業界的にも御法度《ごはっと》というか。少なくとも……口に出すのはNGですね。

――そうなんですか⁉「夜勤で幽霊をみた」とか、看護師さんあるあるのイメージなのですけれど……。

池川　怪談の定番にもなってるし（笑）ね。もちろん、そういう話はけっこうありますよ。

宇咲愛　ベタですけれど、「無人の部屋からナースコールが！」とか。

あとは……お盆のあいだ、病棟に未分娩の妊婦さんはいないはずなのに「赤ちゃんの心音が聞こえた」とか。

――うわぁ！　リ、リアルですぅ……。

日帰り、一泊二日、享年八〇歳……。コースいろいろ、人生もよう

池川　わたしは「中絶」のさい、かならず行《おこな》っていることがあるんです。

それは、赤ちゃんの「ご両家・ご先祖さまに許可をもらう」ということ。もっと言うと「そちらにお返しいたしますので、よろしくお願いします」みたいなご挨拶……というか。

もちろん、赤ちゃんを送りだしてくれた「神さま」という存在にたいしても、同様です。

それで「ダメ」と言われたことは一度もなくって。

キホン的には「よし、わかった」という感じなんですね。

宇咲愛　「中絶される魂も（それを）わかって降りてくる」と聞きました。

池川　そのとおりです。たとえて言うなら……日帰り旅行みたいなものかなぁと。
胎内では、お母さんの五感によるフィーリングがそのまま、赤ちゃんに転写されるらし

くて。中絶によって「帰る」ことになった赤ちゃんは、そのフィーリングを「記憶」としてストック後、あちらの世界にもっていくのです。

いっぽう、ふつうに生まれるばあいは……というと、けっこう準備がいるんですよ。たとえば「人生、八〇年」と考えるなら、そのぶんを生きぬくための情報をストックしてこなくちゃいけない。

処世術というか、人生の波風をのりこえる術《すべ》を身につける必要があるわけです。でも、日帰りや一泊二日だと、そういうのがいらない。わたしが思うに、お手がる旅行⁉ が好きな子もいるはずなのです。もちろん、「ショート・ステイではもの足りない……」という子は、みずから荒波をしかけて、のりこえかたもちゃんと学んだ上で。

生まれてくるわけですけれどね。

自分の人生に「なにが起きるのか?」「どうやってのりこえるのか?」そういった計画すべて、いったん忘れた状態で……生まれるわけですけれど。キホン的には、筋書きどおりというか「決めた道を、順調に歩んでゆく」はずで。まぁ、ぜんぶじゃないにしても、起きてくることとって……やっぱり「自分の設定ありき」なんですよ。

もちろん「ひとりでがんばる」だけじゃなくって「ピンチのときは助けてね」みたいな、まわりのサポートも込みで、ですけれど。筋書きをおぼえたままじゃ、つまんないから（笑）あえて忘れるわけですね。

宇咲愛　挑戦する意義もなくなってしまいますし、ね。

池川　そうそう。「正解をなぞるだけのテスト」なんて、意味ないじゃないですか（笑）。そこはやっぱり「さぁ、実力で！」という課題を、ちゃんと用意するわけです……もちろん、ご自分で。

ま、あまりにハードなコースをえらぶと「ほんとに大丈夫？」って、神さまからツッコミが（笑）入るらしいけどね。日帰りコースなら、「いってらっしゃい」「すぐ戻ってきてね」みたいな⁉　気ラクな送りだしというか……。

――空の上のエピソードでおもしろかったのが、「国ごとに人気がちがう」「日本は人気で、長蛇の列」だっていう（笑）。

池川　らしいんですよ～（笑）。子どもたちから聞きました。

「日本は人気があるから、みんな並んで待ってるんだよ。

だから、日本人て並ぶの得意でしょ?」って(笑)。

とにかく、日本に生まれるのは大変なことらしくて。

なかには、なんとか生まれようと「流産でも」という子すら⁉ いるのだと聞きました。

――ロング・ステイは順番待ちが長いから、とりあえずショート・ステイで……。

池川 そういうことみたいです。

なかには「ときどき、順番を飛ばしてっちゃう子もいる」そうなのですが、

「たいてい、すぐ戻ってきちゃうんだ」って。

そんなことも言っていました。

五〇パーセントがおぼえている⁉　胎内記憶ヒアリングのコツ、おしえます

宇咲愛　胎内記憶をしゃべるお子さんというのは、どのくらいの割合なのでしょうか？

池川　そうですね……絵本の読み聞かせをなさっている看護師さんから聞いたお話ですけれど。なんどか交流して、子どもたちから「この人なら」と信頼を得られたところで、胎内記憶の絵本を出すのだ……と。

するど、小学一年生で五〇％の子が「ぼくも」「わたしも」と覚えていたんですって。

宇咲愛　五〇％！

池川　かなりの確率ですよね？　ただ、「絵本をよむ」という過程ありきですから……。

自発的な数としては、それほど多くないのかもしれません。

で、「胎内記憶のこと、おうちに帰って、お母さんにも教えてあげて」と言うと「ダメ

だよ、驚いちゃうよ」と返すらしい。どうも「言っちゃいけない」と思っている印象だと。だから「覚えているけれど、言わない」って子が多いのかもしれません。で、なにかの拍子にしゃべってしまって「しまった！　言っちゃいけなかったんだ」となったり（笑）。

宇咲愛　なるほど。そういえば、孫のユイちゃんも「〝もうすぐバァバくるよ、まっててね〟って、アシュタールが～!!」と言ってきたことがあって。

でも、わたしと娘がギョッとしたとたん、黙ってしまいました。

池川　そう、そう。まさしく。ギョッとした顔をみた瞬間、子どもはしゃべらなくなっちゃう。「きのうのおやつ、なんだっけ？」みたいなところから「おなかにいたとき、どうだった？」とスライドできたなら……すなおにしゃべってくれるけど。

「さぁ、聞こうか!!」みたいにやっちゃうと、身がまえちゃう。犯人の取調べみたいで（笑）コワいんでしょうね。とにかく、親の反応をよく見ているのです。

なので、前提として、親御さんが胎内記憶を知っておくことはポイントかもしれません。いざ、子どもがしゃべりだしたさい「そうなんだ～」くらいの。かる～いテンションで聞いてあげたら、ふつうにしゃべってくれると思います。

「生まれ変わることに決まったんやぁ！」お父さんの宣言と夢予告

――愛さんの娘さんの、ふたり目のお子さんのエピソードが、すごく印象的で……。

宇咲愛　はい。そのふたり目――男の子なんですけれど――は、わたしの父の生まれ変わりなんです。

池川　えっ⁉　それはまた、おもしろい展開で（笑）。お父さまと、キャラクターも似ていますか？

宇咲愛　はい、似ています。

池川　しゃべりかたとか？

宇咲愛　まだ一歳なので、そんなにしゃべらないのですが……雰囲気というか、キャラがそっくりなんですよ。生まれて数週間なのに、おっさん臭がしたり（笑）。

池川　あははははははははは！　それ、めっちゃオモシロ～い（笑）。
　娘さんは「あ、宿った」みたいな感覚があったのでしょうか？

宇咲愛　というか、父が予告してきたんですよ。いきなり「おい、こんど僕は生まれ変わることに決まったんやぁ！」と……テンション高めにあらわれて。
「あ～おめでとう」と、そっけなく返したら「それもな、ユカ（愛さんの娘さん）の子どもとして！」とかぶせてきたから「えーッ!?　そ、それだけはやめてあげてぇ～!!」と叫んだら（笑）いなくなってしまって。

池川　「やめてあげてぇ～!!」って（笑）ウケる～。

宇咲愛　というのも、ひとり目のユイちゃんだけでも大変で。いっとき、娘は産後うつになりそうなくらいに疲弊《ひへい》していたんです。だから「とてもじゃないけど、ふたり目は……」と言っていて。そうしたら、お風呂に入っているときにフーッと男の子がやってきて「ママ、僕はお姉ちゃんみたいにわがまま言わないよ？　ママを助けるから、産んで～」と言ってきたそうなんです。
　で、娘から「お母さん、この男の子に心あたりある？」と聞かれて「ううん、あの……口《くち》どめされてるから」とつい（笑）しゃべってしまって。そしたら、ピーンときたみたいで「あっ、わかった！　おじいちゃんでしょ!?」って。「ユカはおじいちゃん大好きだったから、おじいちゃんの生まれかわりなら、産む!!」となったんです。

で……そうそう、もうひとつ思い出しました。

わたしのところにも「予告」が来たんです！

娘が（ふたり目を）受胎するまえ……彼女が男の子を抱っこして、バスから降りてくる夢を見たんです。「来るんだったら電話してよ、迎えにいったのに」とか、わたしも話しかけてて。後日、娘に「こんな夢を……」と話したら「えーっ、子ども？　ふたり目!?いらん、いらん」と（笑）怖がってましたけどね。

――それは、いつぐらいのタイミングで……？

レゴラス　長女のユイちゃんが一歳ぐらいのときです。

宇咲愛　父が「生まれ変わるんや」と言ってくる前ですね。

池川　へぇ……けっこう前もって、知らせてくるものなんですね。

「受胎告知」の概念は意識したことなかったから、新鮮です。

レゴラス　なかには「生まれたい、と予告されたけど……一年くらい断りつづけたら（！）来なくなった」という人もいました。

池川　ほう（笑）。断ることもできちゃう⁉

レゴラス　そのようです（笑）。

池川　じゃ、やっぱりお母さんが受け入れてくれないと……来られない。

宇咲愛　いままでのお話でいくと、そのようですね。

親も、子どもをえらんでいる？絶対でない世界の不思議

池川　「流産した子どもたちは、悲しんでいるのかな？」と思って、かなりの数の子にダウジングで質問してみたことがあるんです。そしたら……出てくる答えが一様に「みんな喜んでいる」と。「え、なんで？　おかしいな」と思って、知りあいのヒーラーさんたちに「流産した子って、僕から見ると喜んでいるように感じるんだけど……？」と、確認してみたんです。すると、やっぱり「そうですね、みんな喜んでいますよ」と。みなさん、例外なくそうおっしゃる。

で、ある方が「どうして喜んでいるの？」と赤ちゃんに尋ねたら「お父さんとお母さんの許可がないと（おなかには）宿れない。だから、許可してくれて（おなかに宿ることができて）うれしい」と答えたのだそうです。

どうも「生まれていいですよ」という許可証（！）があるらしくて。ある女性いわく「許可証は石みたいな形状をしていて……それが欠けちゃうと、来れないんだ」と話していました。

「生まれる」って、いわゆる「オギャーと産声をあげて」という意味あいだけじゃないらしいんです。赤ちゃんにとっては「おなかに宿った」時点で「生まれた」ことになるらしくて。で、それは彼らにとって「ものすごくハッピーなこと」なのだと。

たとえていうなら……テーマパークに「日帰りパス」で入った感じ？（笑）「アトラクションには乗れなかったけど、マスコット・キャラクターにも会えたし、来てよかった！ありがとう」みたいな。そんな感じの生まれかたも、どうやらあるらしいのです。

で……原則としては、お母さんが「来ないでね」「宿らないでね」と思っているかぎりは、来ることができない。はずなんだけれど……たとえそう思っていても、潜在意識で許可がおりれば⁉ 生まれることもあったりとか。そのあたりは何とも、不可思議な世界ですね～。

――絶対ではない世界。

池川　そういうことです。それと、極端な表現かもしれませんが……それこそ、たとえばレイプであったとしても。とにかく子どもは「生まれたい」から「産んでくれる」お母さんを選ぶわけで。どういう形であっても「生まれることを喜んでいる」のではないかと。わたしは思っています。

――なるほど。そういえば『わたしは王』の著者・金城光夫さんも、おなじことをおっしゃられていました。「子どもが親をえらぶ、というけれど……潜在意識で親がＯＫしないかぎりは生まれない。だから、親も子どもをえらんでいる」と。

池川　わたしが聞いたかぎりでは、そのとおりです。

双方で合意して、はじめて「生まれる」わけで……本来はハッピーなはずなんですよ。でも、お母さんは「潜在意識で許可した」なんて知らないじゃないですか。

だから、流産したとき「わたしのせいで……」みたいに自分を責めてしまったりする。でも、子どもからすると、たぶん違うんですよね。

「流産であっても、来させてくれてありがとう」と思っている。

だから、赤ちゃんが「みんな喜んでいる」というのは、
わたしのなかでは腑に落ちる答えなんです。
「そうだろうな」って。でも、これを言うと怒る人がいて。
やっぱり、まだまだ世間的にはトンデモ！　な意見のようですね。

「あなたじゃないとダメなんです！」自殺した男性からのムチャぶり!?エピソード

宇咲愛　トンデモというか、タブーといえば……「自殺」もそうですよね？「自殺したら、幸せになれない」「天国に行けない」というのが通説で……もちろん、「自殺防止のため」という意図はわかるんです。

でも、どうしても「人間界のルールにあわせて、解釈している」感が否めなくって。というのは、数年まえ……自殺した人が、わたしのところに訪ねて（！）きたんですよ。ぜんぜん知らない人だったのですが。

池川　おぉ、それはそれは……見込まれちゃいましたね（笑）。

宇咲愛　もう、カンベンしてほしいと思って（笑）「わたしの役割じゃありません！　帰ってください！」「だいいち、あなたのこと知りませんし!!」と、お断りしたのですけれど……「いや、そこを何とか」「あなたじゃないとダメなんです！」と、懇願されてしまって。ご自宅をビジョンで視せてきて「ここに行ってほしい」と……困ったなぁと思っていたら、レゴラスさんが「明日、ちょうど休みだから行こうか？」と言ってくれて。

池川 ご近所だったのですか？

レゴラス クルマで一時間半くらい……奈良のほうでした。

宇咲愛 自殺なさった方は男性で、「僕は光になったから、安心するように……妻に伝えてください」と。でも、突然知らない人がきて「ご主人は光になってますよ」なんて……アヤシすぎるじゃないですか（笑）。だから「えーっ、絶対にイヤです！」と、何回も拒んで……すると、向こうも「ほんとうに、お願いします!!」と粘るんですよ（笑）。

だからもう、さいごは根負けした感じでした。

インターホンを押すと、すぐに奥さまが出てこられて。ドア越しに「あの……じつは昨夜、ご主人が訪ねてこられまして」と申し上げたら「あぁ、そうでしたか。どうぞ」と、通してくださったんです。まだ祭壇があったので、お焼香をあげさせてもらって……遺影にも「来ましたよ」と、ご挨拶して（笑）。

で、奥さまに「ご主人からの伝言は……」とお伝えしたら、ホッとしはったのか？　とつぜん、怒りの感情をブワーッと吐き出されたんです。「勝手に死んで、なんやの⁉　わたしをほったらかしにして！」って。まぁ、無理もないですけれど。で、「実はきのう、あと追い自殺をしようと思ったんです。だからきっと、主人はあなたのところに行ったんでしょう」とおっしゃられて。

ご主人は、会社を経営してらしたそうで……でも、奥さまいわく「赤字がかさんでしまって。主人は〝自分が死んで、保険金で補塡しよう〟と思ったようなのです。でも、きっと会社はたたまないといけないし……この家だって、取られてしまう。

もう、わたしはどうやって生きていったらいいのか」と、頭をかかえておられて。

それで、わたしは「宇宙の法則」をお話しすることにしたのです。

「人生はいつからでも、クリエイトしてゆくことが可能なんです。わたしたちはクリエイターですから。このお家だって、のこせる道が……必ずあるはずですよ？」とお話ししたら、まっしろだった奥さまの頬に、だんだん赤みが差してきて。最終的には「愛さん、わたし、がんばる！　宇宙の法則をやってみます。生きますね」とおっしゃられたのです。

そのときに「あぁ、ご主人の真意はこれだったんだ」とハッとして。「僕は光になった」という伝言もさることながら……奥さまに「生きる気持ちになってほしかったんだ」って。

で、奥さまは「それなら自宅を、農業体験のできる民宿にしたい」とおっしゃられて。

そのあとしばらく……間があいて「どうなったかな？」と思っていたら「認可がおりて、オープンできるようになりました。愛さんの言ったとおり、クリエイトできました」というお葉書をいただきました。

池川　すばらしい。

宇咲愛　似たような体験は、ほかにもあります。

あるとき、個人セッションで「彼が……自殺してしまって」と、打ち明けてくださった女性がいて。すると、アシュタールが「自殺はあらかじめ、宇宙で約束してきたことのようですね。彼は〝自分が自殺することによって、あなたの魂の癖を解消する〟と決めてきたのでしょう」と告げたのです。そうしたら……なんと、その方は「あ……そうだった！わたし、いま思い出しました!!」と！　おっしゃられたんです。

池川　それはすごい！

宇咲愛　わたしもびっくりしました。しかも、そのあと立て続けに

「パートナーが自殺して……」とおっしゃるクライアントさんが三～四人いらして。セッションがはじまると……アシュタールと一緒に、自殺したご本人もお話をしていくんです。「光」になられた状態で。すると、クライアントさんたちは一様に「彼のしゃべりかたそのものです！　だから、メッセージを信じます」と。さいごは「宇宙で、そんな約束をしてきたんですね……」と、感慨深そうに頷いておられました。そういうわけで、わたしは「たとえ自殺なさっても、光になっていかれるんですよ」「いたずらに恐れないでくださいね」と……お伝えしていきたいのです。

池川　なるほど……わかる気がします。

あと、いまのお話にもありましたけれど……不思議なことって、続きますよね？

宇咲愛　はい、おなじような案件が。

池川　そうそう！　ダメおしというか、連打するかんじで（笑）。たとえば……うちのクリニックでお産するわけでもないし、ぜんぜん近所でもないのに「おなかの赤ちゃんに言われて、ここにきました」みたいな人が受診しにきて。さいしょは「変わった人だなぁ」と思ったけれど……そのあと、たて続けに三人くらい（笑）おんなじケースに遭遇して。さすがに三人目ともなると「あ、またぁ」みたいに（笑）なれてくる。さいしょは信じていなくても人間、なれちゃうものですね。で、そういう現象って……そのあとパタッとなくなって、また別の事例が起きてくる。きっと事例ごとに固め打ちをして（笑）わたしたちの枠を外すというか、きたえようとしてるのかな？　って。

レゴラス　固め打ち！　うまいこと言いますねぇ（笑）。

池川　ははは（笑）。ちょうど宮沢賢治の『セロ弾きのゴーシュ』みたいだなぁって。あれって「ゴーシュにセロを弾いてもらうと、病気がなおる」と評判になって、森の動物たちがあつまってくる……ストーリーじゃないですか？

で、ゴーシュは頼まれて演奏するうちに演奏の腕をもあげていって。

宇咲愛さんとわたしの体験談も、まさしく……それじゃないかなぁ？　と。シンクロするというか、続きますよね？

宇咲愛　はい、ほんとうに。さきほどの「パートナーが自殺」というご相談も、あまりに続くもので……内心「また⁉」と思ってしまいました。

で、やはり？　そのあとパタッと途絶えました。

「命日を決めてきた子」との忘れられない絆いまこそ伝えたいメッセージ

池川　自殺する方って、その日にちまで決めた上で（！）生まれてくるそうですね。

宇咲愛　はい。そのようです。

池川　それでいうと……個人的に、忘れられないエピソードがありまして。

あるとき、ヒーラーをしていた女性から「うちの娘、宇宙のことを話すんです」と連絡をもらいまして。おもしろそうだと思って、インタビューしにいったんですよ。

まだ娘さんが小さかったときにね。

で、そのあと……彼女たちに会う機会はなかったんですけれど。お母さまから、久しぶりに連絡がきたと思ったら「娘が自死したのです」と。ちょうど十八歳になったタイミングだったそうです。それで、さらには「本当は四歳で死ぬ予定だったようです」ともおっ

しゃられて。「でも、いったん思いとどまって……〝こんどは十八歳で〟と決めていたようなのです」とも。

宇咲愛　まぁ……。

池川　とにかく「亡くなるタイミングは、あらかじめ本人が決めていたようです」と。一貫して、そうおっしゃるのですね。

「第一希望の四歳は思いとどまったけれど、第二希望の十八歳で亡くなったのだ」と。だから、自殺というのは……突発なようでやっぱり、予定どおりなのかなと。

――いままでにない概念ですね。

その娘さんとの出会いは、先生の活動にも影響を……？

池川　及ぼしていると思います、とても。そのインタビューから、もうかれこれ十数年ほど経ちますけれど……「ひとりのお母さんにたいして、一万人の子どもが待ってるんだよ」みたいな話を聞かせてくれたのも、彼女が最初でしたし。とにかく、すごく生き生きと……いろんな話をしてくれたんです。それで「きっと将来、この子はすごい人になる！」と感激したんですけれど……時代が早すぎたのかなぁ。なにしろ、まだ「胎内記憶って？」みたいな世の中でしたから。好奇の目にさらされて生きるのは、そうとう辛かったんじゃないかと。

――昭和世代として、わかるような気がします。

胎内記憶にかぎらず、みんなと違うだけで即！　うしろ指をさされるというか。

池川　そうそう。そんな風潮でしたよね。彼女は、本当にすばらしい子だったんですけれど……おしえてもらったエピソードから学んだことも、たくさんありましたし。あの出会いがなかったら、いまこうして活動することもなかったかもしれないし。決して大げさでなくね。だから、極端な言いかたになってしまいますけれど……ひょっとすると、「お役目を終えたら、帰るのかもしれないな」って。

宇咲愛　なるほど。それと……きっと自殺にも、いろいろなパターンがあるのでしょうね。

池川　そう思います。彼女がもし、いまの時代に生まれてきたら……もっとすごい情報をもってくるかもしれない。

レゴラス　あの、ひょっとして、もう生まれ変わっていたり……？

池川　おぉ、たしかに！　その可能性もありますね。

そしたら……ぜひ、またインタビューさせてもらいたいです！　ほんとうに。

昭和のオカルト、平成の都市伝説、令和のゴージャス葬とは!?

――スピリチュアルにも流行というか、世相が反映されますよね?

池川 はい、影響あると思いますよ〜。

――九十年代くらいだと、まだ「スピリチュアル」というジャンルが確立されていなくて……。

池川 そうですね。書籍とか、あるにはあったはずなんですけれど。メディアで取りあげられるのは『あなたの知らない世界』とか(笑)。

宇咲愛 そうそう、そっち系のね。おどろおどろしいというか、お化け屋敷みたいな世界観で。

レゴラス いまでいう都市伝説と、怪談がかけ合わさったような……?

――口裂《くちさ》け女とか。

一同　わーっ、なつかしい!!

池川　ネットの無い時代ならではという気もしますね。

――はい！　あとは、心霊写真とか……とにかく、その類いがずいぶん流行ったように思います。で、そのテの企画にいつもキャスティングされていたのが、宜保《ぎぼ》愛子さんとか池田貴族さんとか……。

池川　いわゆる「霊能者さん」。これまたなつかしい（笑）。

――はい、わたしたち小学生のカリスマでした（笑）。でも、ほんとに出演なさるのが「肝試し」とか「お祓い」みたいな番組ばかりで。

池川　仕事とはいえ、ちょっと気の毒というか……。

レゴラス　偏っていましたよね？（笑）だいたい「心霊スポットツアー」みたいなのに出かけていって「自殺すると、成仏できませんよ」ってシメで。

池川　お決まりでしたねぇ（笑）。まぁ、いまにして霊能者さんも「求められたキャラを演じていたんだろうな」って。わかるんですけどね。

レゴラス　そうですねぇ。

――そういった自殺……および死生観のイメージが、この十数年ほどで変わってきたように思います。いわゆる「怪談系」エピソードを、あまり見かけなくなったというか。

池川　あ、たしかにそうかも。少なくとも、あたまごなしに「自殺はダメ！」って叩く感じじゃなくなりましたよね。タブー視するんじゃなくて「自殺したっていい」価値観も認めるというか。そのほうが、かえって自殺予防になるのかな？　って気もしますよね。

「死んでラクになるなら、生きてるうちにがんばってもいっか」みたいな。

レゴラス　なるほど。いまの話で、知人がイギリスに渡ったときのことを思い出しました。彼は、わざと帰りのチケットを買っておいて「いつでも帰れる！」

「でも、だからこそ意地でもがんばろう!!」と、モチベーションを上げていたそうです。じっさい、「このチケットのおかげで、がんばり通せた」と言っていましたよ。

それと同じですよね？

池川　そうそう。

宇咲愛　わたしもそうでした。医療から介護にうつって「やっていけるかな？」と、ずいぶん葛藤しまして。だから、定期券を買わなかったんです。

そうやって「いつでもやめられる」と思えたら、気がラクになったというか。

仕事を続けられたのは、そういったところも大きかったように思います。

レゴラス　「いつでも帰れる」とわかっているほうが、がんばれる。

宇咲愛　「いつでもやめてＯＫ」ってね。

池川　そうですね。おなじように「自殺はダメ」一辺倒だったのが「いつ死んでもＯＫ」と言われたら……「もうちょっとがんばろうかな」って。前向きになれそうですものね。「いざとなったら、いつでも死ねるから」って。

宇咲愛　そう思います。

池川　ところで、さきほどの「自殺の日取りを決めてくる」説には、もうひとつソースがありまして。

レゴラス　おぉ。

池川　これは以前、自殺未遂なさった方から聞いたんですけれど――。「何回自殺しても生き返ってしまう。自殺の〝予定日〟にならないと死ねない」って。すごい交通事故とか、アクシデントに見舞われようと「やっぱり死ねない」らしくて。

一同　えーっ！

池川　そう考えると「自殺」っていうのは、やっぱりご本人が「ここ」と決めてきた予定日なんですよ。それも「第一希望はここ。そこで死ななかったら第二、第三希望は……」と、設定してくるらしい。だから、設定したタイミングで自殺したら死ねる（！）のだけど……ずれちゃったら「生き返っちゃう」って。

一同　！！！！

――すごいお話です。「死ぬ」といえば、臨死体験のインタビューで「気持ちよかった」とおっしゃる方がいて。あくまで、その方おひとりの見解かしれませんけれど……「わたしはそうでした」って。

池川　そうなんだ⁉　まぁ、誰しも死にぎわに苦しみたくはないから（笑）それがないに越したことはありませんよね。

それで言うと、わたしもつねづね「苦しむまえに、魂は抜けてしまう」説を唱えていて。だから、肉体が苦しい状態にあっても……さいご「魂は苦しまないんじゃないか」と。そういう意味では、その「気持ちいい」という表現にも通じるのかなぁと。

――なるほど。

池川　まぁ、ちょっと慎重を期すトピックになっちゃいましたから、このくらいにしておきますけれど……。

宇咲愛　そうですね。安易な気持ちで踏みこむ世界ではないと思います。

――臨死体験も「必ずもどれる」保障はありませんし……。

池川　そうそう。あとは人生のシナリオと一緒で、「知りすぎないほうがいい」情報だったりするんです、こういうのって。

――先々の楽しみがなくなっちゃう……？

池川　そういうことです（笑）。それにしても、いまの社会における「死」のイメージは、もうすこし変えていって良いのかな～？　と。切に思います。それこそ、ヒョコヒョコ踊ってらした（笑）レゴラスさんのお父さんみたいに、楽しく。見送るほうも、見送られるほうも「悲しいことじゃない」という観念でいたほうが、よさそうじゃないですか？

宇咲愛　賛成です～！

わたしも、自分の告別式は「結婚式みたいに楽しく、ハデに」やってほしいなって。

池川　いいですねぇ～！　楽しいお葬式（笑）。

宇咲愛　うちの近所に、ぶわーっとシャンデリアをしつらえた葬儀場があって。「うわ、ここ最高！」と思いましたよ（笑）。

池川　あらすてき（笑）。そんな葬儀場があるんですね？

宇咲愛　はい！　建物も結婚式場みたいで、すごくかわいいデザインで。

池川　カラオケも置いてあったりして？（笑）

――楽しそうですね～！　そういえば昔、子どもが火葬場（の敷地で）遊んでて、ギョッとしたことがあって。とくに参列者でもない、近所の子どもたちがスケボーもってきて遊んでるんですよ。もう、居合わせた人たちと「信じられない！」って言ってたんですけれど……いまの話を聞くと「子どもが遊べるくらい、明るい雰囲気の火葬場」ってことで（笑）アリかも、と。

宇咲愛　そうですよ～。明るくって、いいじゃないですか。

池川　そうそう！　子どもたちが楽しく、キャッキャとはしゃいでいる（笑）葬儀場!!

レゴラス　葬儀場に、保育園が併設……とか（笑）。

池川　それ、いい!!　これからの時代にピッタリかもしれませんね。

レゴラス　まぁ、高齢者施設の併設は……シャレにならないけれど（笑）。

池川　フルコースですね（笑）。「生まれてから死ぬまで、ぜ～んぶ引き受けます！」って。

――セットでどうぞ！　的な（笑）。

池川　いいですねぇ。でも、こんなこと言ってるとまた不謹慎！　ってオコられちゃうんだろうなぁ〜。た〜いへん!! あはははははは（笑）。

――先生、ぜんぜん大変そうじゃないです（笑）。

まぁ、クレームがくるポイントには「逆転の発想がかくれている」ということで……。

池川 そうですね。まぁ、この本じたいもクレームになりそうだけれど（笑）。

でも、クレームを言ってくる人って……そのあと、変わるチャンスがありますからね。

――「文句をつける」イコール「関心がある証拠」ですものね。

宇咲愛 そう思います。反応する、ということはね。

池川 葬儀場をつくろうとすると、必ず地域の方に反対されるじゃないですか。まぁ、わからないでもないんだけれど……もし、「子どもの遊び場もいっしょにつくるから、みんなで楽しく過ごしましょう」と言ったら、みなさんの捉えかたも違ってくるかもしれない。

で、それこそ亡くなった人まで楽しくなって……（笑）

宇咲愛 こっちに舞い戻ったりして！（笑）「やっぱ、死ぬのやめるわぁ〜!!」みたいな。

池川 「楽しそうだから、もうちょっと残るわぁ〜」とかね（笑）。それ、サイコーです！

「生まれかわり一〇〇年説」にもの申す！　いまや秒で成されるあの世シゴト

――生まれ変わりの周期も変わってきていますよね？　むかしは「最低でも一〇〇年」というのが定説でしたけれど……。

池川　あ、最近はすぐ！　ですよ。

宇咲愛　そうそう。はやい人は「パン」と手をたたいた瞬間、もう生まれ変わってる。

池川　さきほどの宇咲さんのお話だって……おじいちゃんが孫の子どもに生まれ変わったわけだから、あっという間ですよね。

二十年くらい前だったかな？　ある本に「亡くなってから、生まれ変わるまでの年数」を退行催眠で調べたデータが載っていて。そしたら「その周期が、年々短くなっている」とあったんですけれど……ホントにそうなってきましたね。

生まれた子どもが「お祖父ちゃんの生き写しとしか思えない」とか、お祖母ちゃんの写真を見た子どもが「これ、わたしだよ」と言ったとか……そういう事例も聞くようになりました。だから最近は、ホントに「すぐに来る」可能性がありますね。

宇咲愛　はい！

池川　で、当然ながら……生まれ変わるためには、向こうへ帰らなきゃいけませんよね？こちらに残ったままだと、転生できないから。そのさい、のこされた人たちがずっと悲しんでいると……その思いに引っぱられちゃうんです。いわゆる「成仏できない」状態。

赤ちゃんの浮遊霊、多いんですよ。どうしても、親御さんの思い入れがつよくなってしまうところではあるから……致しかたない面はあるんだけれど。流産した方や、中絶した方の「産めたかもしれない」という無念さというか、残留想念が「赤ちゃん、のこってね」と引きとめてしまう。そうすると、赤ちゃんは（霊として）とどまってしまうんです。

で、厄介なことに……そこから数十年後、お母さんが亡くなったとしても、赤ちゃんは置き去りのままなんです。お母さんだけ（あちらに）帰っちゃう。

そういうわけで、のこっている赤ちゃんが、いっぱいいいるんです。

だから、流産とか中絶をして「喜ぶ」というのはムリにしても……少なくとも、赤ちゃんの魂を引きとめるような思いかたはしないほうがいい。

で、それでも（赤ちゃんの御霊が）のこってしまったら、できるかぎり上げたほうがいいですよね、天界に。浮遊霊になってしまうのは、避けてあげたいところですから。

わたしは中絶するさい、あちらへ帰る子に向かって「この部屋にのこっている赤ちゃんがいたら、いっしょに連れていってね」とお願いしているんです。だから、うちのクリニックはだいぶきれいになっているかなぁ……と。おもしろいのは、赤ちゃんによってキャパが違うみたいで。いっぺんにガッ！　と大人数を上げてく子もいれば、ひとりぐらいがやっと、みたいな子もいて……まちまちなんですよ。

宇咲愛　へぇ〜！　おもしろい。じゃ、先生のところは波動がいいんですね。

池川　と、思っています（笑）。中絶で帰っていく赤ちゃんに「ほかの子も連れていってね」とお願いするという……ようは、お役目を与えるのって、いい作用がはたらくんじゃないかと。お母さんはもちろん、まわりの人の役に立ちますからね。そうやってもろもろ、循環させてゆくと……世の中がだんだん軽くなる気がして。希望的観測ですけどね。

赤ちゃんを亡くしたお母さんは、それを思い出しては、深く沈んでしまう。心情として当然ではあるんだけれど……ネガティヴな波動って、重たいじゃないですか？

だから、お母さんに呼応した赤ちゃんが「いっしょに沈まなきゃ！」と思って、重た〜い波動を出してしまうんです。それなので、赤ちゃんには「もっと、はじけていいよ！」ぐらいのことを思ってもらったほうが……理想かな？　と。あっ、これはあくまでわたしの仮説ですけれど。こんど、霊能者の方にたしかめてみてください（笑）。

宇咲愛　そういえば、わたしも……教会で「アヴェ・マリア」を歌わせてもらったら「愛さんが歌っているとき、たくさんの（御霊が）上がっていくのが見えました」と言われたんです。

池川　すごい！　じゃ、全国ツアーで「アヴェ・マリア」を歌ってもらえば……日本、いや世界じゅうが浄化されちゃいますね。

――　CDも出してらっしゃるし、すでに海外でもステージに立たれて。

宇咲愛　いやいやいやいや……（笑）そんな、お恥ずかしい（と、照れまくる）。

池川　どうぞ、謙遜なさらずに。これからは御霊《みたま》上げに、愛さんのCDをかけましょう！

宇咲愛　ありがとうございます（笑）。

手術は「赤ちゃん本人の同意あってこそ」池川先生が伝えたいこと

―― 御霊上げといえば、池川クリニックで「弥勒参拝《みろくさんぱい》」をやりはじめてから、交通事故が少なくなったと……。

池川 そうなんです。以前、クリニックの前で大きな事故がありまして……巻きこまれたお子さんが、半身不随の車イス生活になってしまわれて。というか、それ以前から「事故多発」で有名な道路だったもので「なんとかしたい」と思っていたんです。

そんなときに「執りおこなった場所の、半径五〇〇メートルが浄化される」という「弥勒参拝求道式」を知って。すぐにお願いしたんです。もう、何回もやってもらってますけれど……交通事故も減ったし、クリニック内も、医療事故につながるようなことが起きなくなって。「これは効果があるかも」と思いました。

で、さきほどお話ししたとおり、中絶や流産で帰る赤ちゃんに「お仲間を一緒に連れていってね」とお願いもしているので、相乗効果というか（笑）。わたしの中では、けっこう浄化されているかな？　と思っています。

宇咲愛　その子たちも、お役割を果たす感じですよね？

池川　御霊って、役割を果たせると喜ぶんですよ。そのために生まれてきたのに、役割を果たさせてもらえないと……さみしそうにしてて。だから、役割をふられると「ありがとう！」って、とてもキラキラして……。お母さんたちも、意識を向ければ、感じとれる世界だと思います。でも、そういうことをやっている医療機関て……まずないんです。うちみたいに「ご先祖様や、赤ちゃん本人に許可をもらって、中絶する」とかね。

宇咲愛　ホントですね。きょう、はじめて聞きました。

池川　でも、「ご先祖への許可」は絶対にやったほうがいいですよ。だって、ひとりひとり役割があって来るわけじゃないですか。その子は……両家のご先祖の期待を背負ってくるわけです。

で、もちろんその期待は「幸せに生きる」とか「ハッピーになる」ことであって、決して苦しむために来るわけじゃないはずで。

なのに……流産したり中絶すると、お母さんは苦しくなってしまう。

そうすると……ご先祖の願いからは、ちょっと逸れてしまうんですよ。

だから、（あとで苦しくならないためにも）まず、赤ちゃんに「手術していいか？」聞かないといけない。「自然の流産を待ったほうがいい」という場合もありますし、あるいは「中絶してはいけない」という回答だったら、手術することはできません。

やっぱり、手術するのであれば、ちゃんと許可をもらわないといけないと思うんです。

わたしはずっと「赤ちゃんがYESと言わないかぎり、手術できない」と思っていたんですが……一年くらい前かな？「たとえ赤ちゃんがNOと言っても〝これから手術します〟と宣言すれば大丈夫」という人があらわれたんです。

たしかに、よく考えてみると……赤ちゃんて、たとえ自分が「イヤ」と思うことであっても、お母さんが「やる」と言うなら拒否しなくて。お母さんが最優先なんです。

だから、さいしょに「中絶はイヤ」と言う子がいたとしても……お母さんと医者で、ご両家のご先祖さまに挨拶して、ともに宣言して……という手順を踏むのなら、アリかも？　と思ったんです。

もちろん、それはネガティヴな気持ちじゃなくってね。「あなたの存在を認めています。そしていま、手術させていただきます。その理由は、お母さんから聞いているよね？」って。当然ながら、わたしたち医者だって……手術したくてするわけじゃないんですよ。なにかしら理由があって、やむを得ず……なわけで。

で、赤ちゃんて……さきの展開を見越して？　宿ることもあるんです。
たとえば「またのタイミングで授かったら産むかもしれないけど、現状はちょっと」というお母さんがいたとして、赤ちゃんはその「現状」を変えるために来ている可能性もあるんです。さいしょから「今回は中絶になる」とわかっていてね。

そうやって、いったん還《かえ》ったとして……でも、その子がまた「生まれたい」と思えば、最優先で来られるらしくて。だから、さいしょのお子さんを中絶なさったお母さんのところに「中絶で還った子が、ふたたび宿る」ことだって……あり得るわけです。

まぁ、証拠はないんだけれど（笑）わたしがインタビューした限りでは、そんな仕組みじゃないかな……？　と信じています。

お母さんたちにも、こういう話をすると……納得される方、多いですね。

で……この「納得」って、すごく大切なポイントだと思っていて。

もちろん、赤ちゃんを亡くすことは悲しいし、その気持ちをムリに手放す必要はないけれど……赤ちゃんも了解の上、起こったことならば「悲しいけれど、ＯＫ」と。

そんなふうに捉えられるのかなぁと。

宇咲愛　仮説ですけれど……おなじ胎児でも「魂だけの存在」に比べて「肉体をもった」赤ちゃんは「魂の声をキャッチしづらくなっている」可能性がありますよね？

で、ほんとは違うのに「手術はイヤ」と答えてしまったり。

池川　なるほど。それはあるかもしれません。「肉体の存在ゆえに、魂の声を聞けていない」というのは……大人のわたしたちだって、いっしょですものね。

宇咲愛　はい。もし、純粋に「魂の存在」そのものだったら……？

池川　たぶん「手術はイヤ」とか、言わない気がします。だって、「魂」にとっては文字どおり「肉体が紐づいていない」わけだから……痛みは関係ないですものね？

だからきっと「イヤ」というのは、肉体につながる「感情」部分の声だと思うんですね。

宇咲愛　そうですね。だから、たぶん「魂」の領域では受け入れているのだと思います。

池川　ダウジングで胎児に聞いてみても、例外なく……喜んでいて。

でも、どうしてなのか？　その理由まではわからなかったのです。だってやっぱり、流産はまだしも……中絶の子がどうして喜ぶのか「？？？」じゃないですか。

でも、赤ちゃんに聞くと「お母さんが〝いいよ〟と許可を出してくれたから、宿ることができた。それだけで、もう……この世に来れただけで、幸せ」

「生きて生まれてこれただけで、まるもうけ」って。

で、補足すると……赤ちゃんにとって「生まれる」というのは「オギャーと外に出てきた瞬間」じゃないそうで。もっと遡《さかのぼ》って……なんと「受精した瞬間」らしいのです。

おなかに宿った、イコール「生きて生まれてきた」ことになるんだと。

だからもう、じゅうぶんハッピーなんですね。

――先生は、中絶なさるお母さんに、「手術までの一週間、たくさん思い出をつくってくださいね」とお話しになるそうで……。

池川　はい、そうしています。「お母さんの五感をとおした情報は、すべて〝おみやげ〟として赤ちゃんが（あちらの世界に）持ちかえりますから……きれいな景色を見たり、好きな音楽を聴いたり、おいしいものを食べたり。とにかく一週間、ぞんぶんに楽しんだらいかがですか？」と諭《さと》すと、泣いていたお母さんも「そうします」と顔をあげて。

ニコッとしてお帰りになるんですよ。

これまでの時代は長らく……そういうケアが、なされてこなかったというか。

「悲しいものは悲しい、以上！」みたいな感じだったと思うんですけれど。

いまは生まれてくる魂も変化しているし、それじゃあ時代にそぐわないんじゃないかと。

あたらしい考えかた、生きかたが必要だし……とにかく、

「生まれただけでハッピー！　喜怒哀楽すべてハッピー!!」という感性こそ、これからの魂に必要じゃないかなぁと思うのです。

「イヤなこと」が起こったさい、それを悲観するだけじゃなくて、「イヤなことも、生まれてきてこその体験！」と、受けとめられたら……オール〇Ｋ！というか、ハッピーだと思うのです。

医療、法律に真実なし⁉
幸せの白ブロック、不幸の黒ブロック

宇咲愛　ブログに「こんど、池川先生と対談します。いままでタブーとされていたことも話せると思うので、お楽しみに」と、書きましたら……あるお母さまからコメントが来て。「うちの子は、障がいをもって生まれてきましたいろいろと悩んだ時期もありましたがが……いまは〝この子が生まれてきてくれて、すごくうれしい。ありがとう〟と感謝しています。こういった話題にかんして、池川先生はどう思われていらっしゃるのか？　お伺いできたら嬉しいです」といった内容でした。

池川　なるほど。ありがとうございます。ちょうどいま、思い出したんですけれど……このあいだ読んだ本に、おもしろいことが書いてあって。

それは、こういう内容だったんです。

おなじ重さの「白いブロック」と「黒いブロック」があって、白いほうは「幸せを感じるブロック」、黒いほうは「不幸を感じるブロック」。

で、わたしたちは生まれてくるときに……それら二種類のブロックを「白と黒、おなじ割合で持ってくる」。そして、そのあと「人生のなかで、積み上げてゆく」そうなのです。白も黒も、ブロックはおなじ数ずつしか持っていないわけですから……さいしょに「白ばかり積みあげて、幸せいっぱい」にしちゃうと、あとは「黒ばかりで不幸」になるし（笑）逆に、さいしょに「黒ばかりの不幸スタートだとしたら……あとは「白ばかりで幸せ」な晩年になると。

そして、この「白黒ブロック」の配置や時期すらも、自分で決めてくると言うのです。

宇咲愛　おもしろいですね～！

池川　ね（笑）。さらには「人間の器は容量が決まっていて、サイズも人それぞれ」とも書かれてあって。たとえば「白いブロックを増やしたい」のであれば「黒いブロックも同じだけ増やす」ことになるのだと。双方のブロックが増えるわけだから、大きな器でないと入りきらなくなるわけです。その「大きな器」をお持ちでいらっしゃる存在こそが、障がい者の方だと思うのです。

レゴラス　なるほど。

池川　あっ、これはわたしの憶測ですけれども。障がい者の方は、健常者より「器」が大きいわけですから……たくさんの「白ブロック」つまりは「幸せ」をつめ込めるわけです。もちろん、そのぶん「黒ブロック」というか「不幸」をも請け負うから……多くの人は「不幸」に気をとられて「かわいそう」と言ったりするわけです。

でも、本当は「ふつうの人よりも、幸せが多い」はずなんですよ。

レゴラス　おぉ。

池川　で、あるとき講演会でこの話をしたら「先生の人生はどうでしたか？」と聞かれまして（笑）。あらためて、ふり返ったさい「黒ブロック……不幸はそれほど無かったな」というのが率直な感想でした。

わたしが思うに、ブロックのしくみって「オセロ」のチップみたいなイメージじゃないかと。「オモテが白でウラは黒」っていうね。で、わたしは世間的に「黒いブロック」とみなされるハプニングであっても、反対側にある「白いブロック」にフォーカスしてしまうようだと。そう自覚したのです。

宇咲愛　ポジティヴ・シンキング。

池川　世間的には、そういう言いかたになりますね。生いたち――『生まれた意味を知れば、人は一瞬で変われる』(中央公論新社)にも書きましたけれど――わたしは幼くして養子に出されたり、そのあとまた実の親のところへ戻ったり……世間的に見たらまぁ、フクザツな環境で育ったクチかもしれません。

じっさい「黒ブロックばかりで大変ね」みたいな同情も、たくさんされてきました。

でも、わたし自身は「不幸だ」と感じたことって、正直あんまりないんですよ。

宇咲愛　わかる気がします。不幸かどうかを決めるのは、ご本人ですものね。

池川　そうそう。あくまで「白いブロック」ありきだから、アクシデントが起こっても、ぜんぜん苦じゃないというか。「白・黒ブロック」の比率は決まっているのかもしれないけれど「どちらにフォーカスするのか?」によって「白ブロック×二倍」なんて人生もあるのかなぁと。そう思ったんですよ。

宇咲愛　共感できます。うちの息子が幼稚園だったとき、障がいがおありのお子さんと一緒のクラスになりまして。息子にとっては「お友だちのひとり」であって、とくに障がいを意識しているようすはなくて……お家に遊びに行ったりとか。よくしていたんですね。

その子のお家はとても裕福で、お母さんはきれいで優しくて「あら、いらっしゃい」みたいにニコニコしていて……という印象だったのを、覚えています。

池川　何かしらのご縁というか、意味があって……お母さんなりお家を選んでますからね。あともうひとつ、大きなテーマとして「人の役に立つために生まれてくる」。

これは子どもたちみんなの一致した意見です。

障がいがあると、サポートを要することが多いじゃないですか。もっというと、お世話になるというか。こう言うと、なんだか「健常者が、障がい者を助けてあげる」ように聞こえますけれど……そうじゃなくって。たぶん、ホントのところは対等なんですよ。

仮に、「誰かのサポートをしたい人」と「誰かのサポートがないと生きていけない人」がいたとして……「サポートをしたい人」に「機会を提供して」なおかつ「喜びをあたえる」存在こそが、障がい者の方だとしたら？

彼らは、喜びを倍にしてるんじゃないかと思うのです。

なので、彼らのサポートをさせてもらうのも、いわばお布施みたいなものかなぁと。

宇咲愛　深いですね。

池川　まぁ、わたしの仮説ですけれど。で、そうはいっても、忙しい現場で「サポートさせていただく」という目線は……よほど器が大きくないと持てないわけで。

福祉のスタッフさんには「わたしたちは健常で、おじいちゃん、おばあちゃんの世話をしてやっている」みたいなタイプも多いのだけれど……ほんとは、どっちが上とか下じゃなくって、対等なんです。

「お世話をさせていただきます、ありがとう」って、このやりとりのなかで……本来、福祉は成り立ってゆく。障がい者や老齢者の方に対して「やってあげている」じゃなくて「させてもらっている」という気持ちは必要じゃないかと思います。

――わかるような気がします。友人に「二十四時間、要介護」という女性がいて。在宅時はベッドで過ごして、外出時は電動車イスで……もちろん、介助スタッフさんありきです。で、彼女は歌うことが好きで、ライヴもやっているんですけれど……もう、それこそお客さんが全員、わーっと涙を流すんです。そのときに「この人は、愛そのものだな」って感じて。なので、いまの「させていただく」っていう視点、すごく腑に落ちました。

池川　そう、そう。ほんとにね。そういうことなんです。「サポートはいりません」と拒絶すると、結局、人の役に立たせてあげてないことになってしまう。だから、人の親切は受け入れたほうがいいと思うのです。「あなたにわたしの気持ちはわからない」とか

「よけいなことしないでよ」と言う人がいるけれど……それって「人の役に立ちたい」気持ちを突っぱねてしまうことになるし、よろしくないいんじゃないかなぁって。

たとえいらなくても、相手の気持ちを受けとって「ありがとう」と言うこと。

イコール「人のお役に立つこと」だとしたら……障がいを持っている人は「ありがとう」だらけということですよね。

だから、すばらしい人じゃないと、そのお役目は遂行できないともいえる。

とにかく、みんな……もっと言うと「社会全体」が、

そういう捉えかたが出来るようになったら？　すごく変わってゆくと思うんですよね。

福祉も「やってあげる」じゃなくて「させてもらう」。

そういう気持ちで提供できるようになったら、と。

宇咲愛　そうですね。現状はまだまだ……ですものね。もしかすると、

日本人がそういったことに気づくために、超高齢社会が訪れているのかもしれません。

池川　もちろん、現場が大変なことは承知していますよ。人手不足だし、シフトも長時間で、深夜〜早朝とかね。きれいごとではないし、正直「世話ばっかりで、めんどくさい！」と思ってしまう心情もわかります。でも、そのなかでもやっぱり、

「わたしがいることで、この人が生きて、しあわせになっている」という気持ちが欲しいなぁと。切に、そう思うんですよ。

現状……ざんねんながら、医療や福祉の現場に、まだそういう発想がないんですけどね。医療機関は「(医療事故が)起きてはいけない」という一点のみに、フォーカスしてしまうけれど……「なぜ、起きてしまったのか?」という視点で掘り下げていったさい、もしかすると「問題提示するために、あえて表面化した」可能性だって、出てくるわけで。しかも、自分の管轄で事故が起きたとしたら、自分だって変わらなきゃいけない。そうやって変わることによって、(そのさき)多くの人が救われるかもしれないし……とにかく、そういう視点をもつことによって「世の中が変わっていくんじゃないか?」と思うのです。

でも……まだまだどうしても「事故を責める」ほうに関心がいってしまうんですよね。

——ニュースだと「裁判に発展」とか「賠償金は○万円」とか、そういうトピックだけが報じられるので、ドラマが見えないんですよね。

池川 「失った利益を、お金でかえせ」というのが裁判なんです。

わたしの実父は医者、養父は法律家でしたから……わたしは医者と法律家、ふたつの選択肢がありまして。で、わたしは医者をえらんだわけです。そしたら養父が「おまえはいい道を選んだな」と。「法律の世界に真実はないんだ。たとえば……〝死んだ子どもをかえせ！〟というのはムリだから〝じゃ、かわりにお金でかえせ！〟。これが裁判なんだよ」と言っていて。

そのとき医学生だったわたしは「う～ん、医療にだって真実はないんだけどな？」と思っていたんですけれど……なんていうか、いまだにむつかしいなぁと感じます。

たとえば、医療事故が起こったとして……訴える側は「これぞ真実!!」と思ってアクションをおこすわけで。でも、ほんとうの（事故の）真意は、もっと別のところにあるかもしれない……という視点に立ってみたら？　どうでしょう。

「事故をキッカケに、医療者の意識が大きく変わった」とか。

なにか、先々に向けたメッセージがあるはずなんです。

でも、「あやまちをくり返してはいけない！」みたいなメディア報道とか……。

――いじめというか、まるで犯罪者のような扱いをしてオワリ、みたいな。

池川　そうそう。そのあとの発展を考えていないんです。ただただ、ネガティヴなほうに意識を向ける……というポイントに終止してしまっている。それがとても残念です。

もっともヤバい詐欺師とは!? 善意と狂気のアヤうい関係

池川　逆子で、ふつうにお産して……脳性麻痺になってしまったケースが続いたことがありました。それで裁判になると、だいたい医者が負けてしまう。だから、いまは逆子だと「帝王切開」になってしまっています。でも、帝王切開が安全か？　というと、そうでもなくて。のちの障がいリスクを考えると……自然出産よりも、少しリスクが高いんですよ。

ここで、赤ちゃんが「生まれる」ことだけに焦点を当てると「帝王切開がいい」という話になってしまう。だから、むかしは逆子でも下から産めたけれど……いまはできなくなってしまいました。

これも「わたしたちみたいな犠牲者をつくらないために」と起こされた裁判がキッカケで布かれたルールです。原告の人たちは「いいことをした」と思っているかもしれないけれど、じつは……下から産める人たちが、不利益をこうむっているかもしれない。

でも、そうは考えないんですよ。

「自分たちの意見はまちがってるかも」と客観視しないというかね。

じっさい、帝王切開に変わったところで……脳性麻痺のパーセンテージは変わらないんですよ。だから「ふつうにお産したこと」が「脳性麻痺の原因」というふうには、言われなくなりました。もちろん、逆子で脳性麻痺になった子もいましたけれど……主たる理由はそれではなかった。でも、いまさらもう元には戻れない……そんな感じなんです。

レゴラス　う〜む。「地獄への道は、善意の石で敷き詰められている」。

でも、たぶんそういう事例って、（医療に限らず）いっぱいあるんだろうなと思って。

池川　おぉ、すごい標語!!（笑）でも……ほんとうに、そのとおりかもしれない。

自分が「善意」と思うことが、はたして他人にとってどうなのか?

よ〜く吟味しなきゃいけないと思うんです。

たとえば、シーシェパード（という環境保護団体）は、

「イルカやクジラを救うためなら、人間は傷つけてもいい」と（！）思っていて。わたしたちから見ると……ちょっと極端なやりかたじゃないですか？でも、彼らは真面目に「それがいい」と信じきっている。それと、アメリカには「中絶なんてもってのほか！　遂行する医者には死を!!」という……まぁ、物騒なサイトがありまして。

宇咲愛　まぁ。

池川　そのフレーズ、どうなの？　って（笑）。「赤ちゃんの命は大事だけれど、医者はどうなってもいい」という発想そのものがナンセンスだなぁと。

でも、彼らは心底善意から「赤ちゃんの命をすくえ！」と思っている。こわいですよ。

――凶暴な人より、ある意味ずっとこわいし、ゾッとしますよね。「善意という名の仮面をかぶった」みたいな……。

池川　そうそう。でも、本人たちに「仮面」という認識はないんです。まったくもって「善意」であり「いいことしてる」と思ってる。だからよけいに、たちがわるい（笑）。詐欺師《さぎし》でいちばんアブないのは「詐欺だと思っていない人」なんです。

「詐欺だと自覚している人」はまだマシだけれど、「オレは詐欺師じゃない!!」という人ほど、ホンモノの詐欺師なんですよ。

宇咲愛　なおらないですよね～。

レゴラス　ヘンな言いかたですけれど「悪意のもとに、悪さをしている」なら、改善の余地もあるんですけどね。

池川　そうそう。自覚なき悪意は、変えられない。だって、本人は「いいことしている」と思ってるんだもん（笑）。だから、まぁ……もしかすると「善意」って、つねにそういう危険をはらんでいるものかもしれませんね。

「あれダメ、これダメ」ルールづくしはもう古い!?「禁止用語、禁止」でみるみる回復！介護録

――愛さんは、現場にいた立場として……「医療トラブル」をどう思われますか？

池川　あっ、それ、わたしもお聞きしたいです。とくに介護現場では「おじいちゃんが骨折した」とか、つきものじゃないですか。でも、たいてい「ケアがよくない」とか言われて、責任追及されて……。

宇咲愛　「老健」で施設長をやっていたとき、わたしは明確なポリシーを打ち出しまして。それは「自由にさせてあげることが大切」「それが、ご本人のためでもある」というものでした。ご家族の方にも「うちに来たら自由です。禁止はしません。ただ、（自由さゆえ）骨折などのリスクもあります。それを理解した上で、ご入所ください」と、申し上げていました。施設のスタッフにも「あれダメ、これダメ……」と、禁止用語は使わないよ

うに徹底させましたし。

池川　おぉ、「禁止用語、禁止!!」おもしろいですね（笑）。

宇咲愛　はい、ダメ出しは厳禁で（笑）。それで、たとえば……リハビリパンツを「履いたと思ったら、脱ぐ」というのを何十回も繰りかえす方がいて。

ほかの施設だったら「即、禁止！」なんでしょうけれど……うちはあえてそのままというか、ご本人のやりたいようにしてもらって。とにかく「手出し、口出し」いっさいナシでとおしました。すると……一週間ほどたったころでしょうか？　歩けなかったはずなのに、その方が自立歩行なさってて。どうやら（脱ぎ履きの）動作がリハビリになったみたいで、それが功を奏したらしいんです。

池川　え～っ、すごい！

宇咲愛　わたしも驚きました。

ただ、「口出ししない」といっても……一点、水分管理だけは徹底して。

「一日あたり、一五〇〇ミリリットルの水分補給」だけは厳守してもらうようにしました。するとと……その方は当初、「認知症」と思われていたのが「せん妄状態」だけだったとわかったのです。水分補給するようになって、だんだんふつうに戻ってきて。ご家族もびっくりして「ここに連れてきてよかった」と、そうおっしゃっていただけました。

そういう事例は、ほかにもわりとありました。

池川　へぇ……興味深いお話です。「リハビリになる」というのは、あたらしい発想ですね。でも、たしかに自分で自発的にやるわけだし、いいのかも。

宇咲愛　もう、当初は一日じゅう（笑）やってはりました。

池川　脱いだり履いたりって、案外むつかしい動きですし……ね。

筋力もないといけないし、バランスも必要だし。

――「ケアする」といっても、さいしょから手を貸しすぎるのは違う……と？

レゴラス　それもそうだし、もうひとつ。「リスク共有」が大切なんです。

たとえば、お医者さんの診断でも「リスクヘッジして、安全なほうに促す」のが一般的ですよね？

老健もおなじく「骨折したら責任を問われるから、防止策をとる」のが普通なんです。

でも、愛さんの施設は「入居者さんのご家族ふくめて、みんなでリスクを共有する」というポリシーで。

池川　すばらしい～！　理想的……というか、実行なさっていたのがすごい。

宇咲愛　はい、実行していました。「リスク共有」したほうが、逆に骨折も減りますし。

池川　なるほど。でも……ゼロではない？

宇咲愛　そうですね。

池川　では、じっさいに骨折してしまったら……どのように対処なさっていたのですか？

宇咲愛　「骨折しました」と言うんです（笑）。あらかじめ、ご家族の方との信頼関係を築くようにしていましたから……そのように申し上げても「だったら、仕方ないですね」という感じで。おとがめを受けることはありませんでした。

もちろん、そのあとリハビリしていきますから、また歩けるようになりますし。

レゴラス　だから、高齢者施設のわりに、在宅復帰率が高くて。

ふつうは入所して「だんだん悪くなる」のが一般的じゃないですか。でも、愛さんのところは「良くなる」人が多くって……評判を聞きつけたご家族が「ここに預けたい」と言ってくるケースがふえたんです。入居率もぐっと上がって。

宇咲愛　いろんな方が来られましたよ。重度の認知症で、シーツを裁ちばさみでビリビリに破く方とか、凶暴すぎて（！）ほかの施設でNGだった方……とか。

でも、その「裁ちばさみの方」にも、ひたすら自由に切りまくってもらって。

さきほどの「リハビリパンツの方」とおなじく「水分管理（と点滴）」だけはキッチリして。これを一週間つづけたんですね。そうしたら……みちがえるように、おだやかになって。静かになられましたし、独居できるようにもなったんです。

池川　それはすごいなぁ。

ということは、やっぱり……お年寄りは、脱水で症状が悪化するのでしょうか？

宇咲愛　はい。せん妄状態になります。

「認知症」と言われている方の多くは「せん妄状態」なだけなんです。

レゴラス　つまり、認知症ではなかった……と？

宇咲愛　はい。こんなことを申し上げるのは、恐縮ですけれど。

「きちんと診断できるドクターがいなかった」ということになりますね。

池川　なるほど。まだまだ、そういった知識のないドクターも多い……と。

にしても、これは「介護革命」となり得る情報かもしれませんね。

——革命！

池川　そうです。だって……極端な言いかたかもしれないけれど、

「やりたいことをやらせる」「水分管理はキッチリ」。

この二点さえおさえておけば〇K！　っていう。

宇咲愛　はい、まさしく！　そのとおりです。

ブラックあきら、大いに語る！「医者はヤクの売人」激ヤバ発言オンパレード！

――高齢者の方って、十種類とか……たくさん薬を飲んでいるイメージで。

宇咲愛　そうですね。なので、うちは入居のさいに（いったん）薬を切ってもらってました。で、あらためて……必要なものだけをドクターにピックしてもらう感じで。

池川　なるほど。たいていは処方されるまま……飲んでますものね。

でも、ぜんぶはいらないというか、必要ないものも（笑）混ざってますよね？

宇咲愛　そのとおりです（キッパリ）。つまり、こういうことなんですよ。

「血圧が高いから、降圧剤を飲んだ」

「副作用が出た」

「では、副作用を抑える薬も追加で」っていう。

――えっ？

宇咲愛　おかしいでしょう（笑）。ふつうに考えて、薬を変えればいいだけじゃないですか。なのに「追加で」とやるんですよ。

池川　いらないオプション（笑）。

宇咲愛　本当に。でも、こういう方、いっぱいいらっしゃって……とにかく、うちでは必ず切るようにしてました。

池川　すばらしい。薬断ちで元気にもなりますし、ね。

レゴラス　そうそう、あまり知られてないかもしれませんが……。「老健」て、薬代をぜんぶ賄《まかな》わされるんですよ。

――えっ⁉　そうなんですか？

レゴラス　はい。それなので、理事長が有無を言わさず「ぜんぶ切れッ！」と（笑）。

池川　死活問題ですものね。そういえば……むかしは「点滴をやると、ぜんぶ点数加算」だったのが、保険の改定で「点滴するほどソン」てシステムになっちゃった時期があって。

そしたら、ある施設のトップが「薬や点滴をやめたら、入居者さんが元気になったんですぅ～‼」とニコニコしてたもんで「じゃ、これまでずっとムダな医療処置してきたってこと?」とツッコんだら（笑）黙っちゃって。

宇咲愛　「ブラックあきら」登場ですね（笑）。

池川　はははははは！　そう、ついホンネが出ちゃって（笑）。

で、そのエピソードを講演会でしゃべったら、「医療者からそういう話を聞いたのは、はじめてです！」と喜ばれました。

医者はヤクの売人で（！）ヤクを売ってなんぼ、の世界ですから。

ぶっちゃけた話……患者さんのためじゃなくて「施設のため」という部分も（!!）あったりするんですよ。

——総合病院とか、ただのカゼでも薬どっさり！　ですもんね。

池川　そうそう。だから、カゼで病院いっちゃダメなの（笑）。

よせばいいのに「念のため」って行くと……そうなっちゃう。

でも、じつを言うと……わたしにもずっと、思い込みがありまして。「来院するのは、薬がほしいからだ」っていうね。そしたら……あるとき、お子さん連れのお母さんが「薬はいりません」と言うんです。「えっ?　じゃ、なんで……」と聞いたら、「重症かどうか、知りたかっただけです。薬が欲しいわけじゃありません」と。

――「薬が必要か」たしかめたかっただけで「薬ありき」ではないと。

池川　そういうことです。

宇咲愛　なるほどね。

池川　カルチャーショックというか、はじめて「そういう人もいるのか！」と、気づかされまして。以来、患者さんに「薬はいりますか？」と聞くようになりました。でも、それはそれで、こんどは「薬？　いるに決まってるでしょう！　わたしは病気だから来てるんですよ!!　ふざけないでください！」と、怒っちゃう人もいて（笑）。

むつかしいなぁと思いました。

似たような話で……ある患者さんに「きょうは、どうして来られたのですか？」と聞いても「病気だから」の一点張り。「どんな症状ですか？」と聞いても「医者ならわかるでしょ」と（笑）つっぱねてくるので「いえいえ。医者だろうと、言ってもらわなければわかりません。レストランだって、注文してはじめて……料理が出てくるでしょう？　あなたは、注文もしないうちから〝料理がこない！〟とクレームつけてるようなものですよ」と。そう申し上げたら、怒って帰っちゃいました（笑）。たとえがまずかったのかなぁ……。

――まぁ、病院にいくときって、そもそも本調子じゃないというか……アタマがまわってないことも多いと思うんです。だから「察してください」というのは、わからないでもないのですが……ひと言もヒントなし、というのは難解ですね（笑）。

池川　そうですよ～。キーワードでもなんでも、まずは伝えてくださらないと。

医者はエスパーじゃないですから（笑）。

そもそもみなさん、「どうして来院したのか？」「どういう処置を希望しているのか？」具体的にシミュレーションしないまま、いらっしゃるんです。

――ノープランで（笑）。

池川　そうそう。

――つまりは、診察室でのプレゼン（!?）シミュレーションが必要という……。

池川　そのとおりです。ざっくりとでもいいから「検査だけでいい」「薬だけでいい」あるいは「話だけ聞いてくれ」とかね。そういう要望なり、症状を言ってもらわないことには、こちらとしても困ってしまう。さきほどの事例しかり「オーダーもしないうちから、希望する料理がくるのを待ってる」レストランのお客みたいなものなんです（笑）。

――たしかに！　でも、わたしたち患者側からすると「診察してみないと、検査だけ？

薬だけ？　という判断はむつかしいのでは」という気もします。

池川　う～ん、そうですねぇ……ただ、婦人科のばあいは診察そのものをイヤがる人もおられて。「診察しないと、薬は出せません」と言いづらいところもあるんです。

――あぁ……（笑）あの診察台、わたしもニガテです。

池川　まぁ、とくいな人はいないよね（笑）。とにかく……通院の理由は人それぞれで。なかには「話だけ聞いてほしい」という人もいますから、そのあたりのヒアリングは大切なんですよ。

それでね、みなさんたいてい「ほんとうの目的」をなかなか話さない（笑）。ようす見というか「こいつを頼って大丈夫？」って、値踏みするんです。三〇分ほど話したところで「じゃ、きょうのところは薬なしで……」って、着地しようとすると「先生、じつは！」って、まったく別の相談がはじまる（笑）。そっちが本題だったりするんだけどね。もう、「この三〇分はなんだったの⁉　さいしょっから言えばいいじゃん！」みたいな（笑）。

――「本題をズバッと言わない」というのは、日本人の特性かもしれません。良くも悪くも「自分の意見を言う」習慣がないというか。あと、わたしも経験あるんですけれど……言ったとして「シロウトのくせに」と怒っちゃうお医者さんもいたり。そういうのも一因なのかなぁと。

宇咲愛　ドクターも、いろんな方がいらっしゃいますからね～。でも、わたしの知るかぎり……三〇分も話を聞いてくださる先生、なかなかいませんよ⁉（笑）

池川　あはははは！　でしょうね～（笑）。口を割ってもらうまで粘っていたら（笑）そうなっちゃって。まぁ、すいてる日だったし、一時間コースでも平気だったんだけど（笑）さすがに看護師さんから「先生！　いいかげんにして下さい‼」って、巻きが入りまして。

――大サービスですね（笑）。

総合病院なんて二～三分で「はい、つぎの方！」って……。

宇咲愛　そうそう。顔も見ないでやったりね。

池川　まぁ、規模が大きいところは、そうでもしないと終らないから……責められない面もあるんですけれど。でも、医療職はやっぱり「話してナンボ」というのが、わたしの持論なのです。介護だって、そうですよね？

宇咲愛　はい、おんなじです！

愛さん一喝！「管理職のお役目とは？」リスク共有でピンチをチャンスに☆

池川　患者さんと話をして、訴えに耳を傾ける。
これはキホンにして、もっとも大切なポイントだと思っています。
でも……いまは「記録重視」になりがちで。
医者も看護師も、患者さんと「話す」よりも「記録する」に時間を割いているんです。

――あ、わかります。こちらのトークを機械的に復唱して、パソコンにカタカタ打ちこむ感じ……違和感がありました。ろくに顔をあげない先生もいらっしゃいますし、記録だけ熱心にとって、会話は二言《ふたこと》三言《みこと》で。

池川　そうそう。どうして記録するかというと、ひとつは「裁判になったときの資料」。
まぁ、本来の目的とは違うものになってしまっているんだけれど……裁判対策の意味あいは大きくて。だから、逆にいうと「日常診療」「症状も軽いケース」なら、そこまで記録する必要はないんだけど……なんか、みんな習慣になっちゃってる。
でも、介護の現場だと「記録」の意味あいがまた違いますよね？

宇咲愛　はい、違います。

池川　「記録」のすり合わせをして、スタッフ間の連携を図るというか。

宇咲愛　そうですね。でも、介護職って、文章ヘタなひと多くって（笑）。
苦肉の策で、わたしは大事な項目をピックした「チェックリスト」をつくりました。「○」「×」もしくは「回数は正の字であらわす」……とか、記入ルールも設けて。結果、リストを見れば「便が出た／出ない」とか、ひと目でわかるようになって。管理しやすくなりましたし、記入時間も短縮できて、入居者さんのケアにまわせる時間がふえたんです。
で……このリストも、わたしが率先して書いちゃうとトップダウンになってしまうから「それじゃ意味ないな」と思って。急きょ「記録委員会」を立ちあげたんです。スタッフを巻きこみつつ「簡潔に書けばいいってもんじゃない！」とか（笑）はっぱをかけながら、みなさんのモチベーションを上げていって。

池川　わぁ、すてきな管理者さんですね！　介護業界は惜しい人材をなくしたと思います

（笑）。

――退職なさるさいには、ずいぶん引きとめられたと……。

池川　そうでしょうね。

「このやりかたなら、業界に新風を巻きおこせる」と思いましたもの。

宇咲愛　ありがとうございます（笑）。わたしも「日本の介護業界のステージを上げたい」と思っていたのですけれど……こっちに来ちゃった（笑）。

――愛さんのような管理職って、なかなか出会えないように思います。

わたしもいくつか、企業で働きましたけれど……課題に正面から取りくむ方って、あまりいらっしゃらなくて。ちょうど「いじめがあっても、先生は見て見ぬフリ」みたいな……申しわけないけれど「無責任だなぁ」というのが正直な印象でした。

まぁ、いま思うと……彼らも「自分のことで精いっぱい」だったのかもしれませんが。

宇咲愛　う～ん（笑）。

でも、そもそも管理職って「みんなが働きやすい環境をつくる」のがお役目ですからね。

それなのに「自分のことで精いっぱい」というのは……ちょっと。

池川　そうですよね、本来は。でも、たしかに「麻雀牌《ぱい》を混ぜてるだけ」みたいな管理職

って、けっこう多い気がします……と。だいぶ脱線してしまいましたけれど（笑）

さきほど、ちょっとテーマにあがってきた「医療トラブル」について、もう少し掘り下げてもよろしいでしょうか？

――あっ、はい！　もちろんです。

池川　医療や介護の「提供サイド／受けとるサイド」の理想的な距離感というか……。

宇咲愛　かかわりかた、でしょうか？

池川　そうですね。

レゴラス　思うに、先生がおっしゃられていた「逆子～帝王切開」のお話ふくめて……。提供していることを「リスクヘッジの材料」として位置づけるから、うまくいかないんじゃないかと。

リスクを「すべて医療側で請け負う」のではなく、たとえば……ご家族とか、とにかく「みんなで共有するシステム」にすればいいと思うのです。そうすれば、ネガティヴなこと……つまり「亡くなること」でさえも、前向きな捉えかたが出来るんじゃないかって。そう感じているんです。

池川　すばらしいですね。そういう時代に変えていけたら……と、切に思います。

宇咲愛　老健にいたとき、ご家族に「リスク共有」のお話をすると……あんがい「わかりました、いいですよ」と同意してくださるケースは多かったですよ。

池川　なるほどね。

でも、医者はひとりでも訴える人がいたら、こわくなっちゃう（笑）。

レゴラス　そうですよね〜。たとえ一件でも、訴訟になったら……大変ですし。

だからこそ、まわりとの連携〜チームワークも欠かせないのかと。

たとえば……おかしな意見をいう人がいたとして、医師本人の反論だけだと、弱いじゃないですか？　だから、みんなで「あの意見はおかしい」って、援護射撃できるような。

守れるような体勢ができればいいのかなって。

池川　学校と同じですよね。ヘンな親……あっ、いま「モンスター・ペアレント」って言うんでしたっけ？　すごいネーミングですけれど（笑）。とにかく、そういう親がいると……先生が萎縮しちゃうじゃないですか。でも、みんなが「あの親はおかしい、モンスターだ！」という認識になれば、先生を守れますものね。

レゴラス　はい、そう思います。

池川　にしても……あらためて、宇咲さんのお仕事ぶり！　すごいなぁと感じます。

現状の介護業界にとって、かなりインパクトのあるお話ばかりじゃないでしょうか？　さしあたっては「宇咲愛は見た！　スピリチュアルな介護現場」なんて企画（笑）いかがでしょうか？

宇咲愛　「家政婦は見た！」へのオマージュですね。おもしろそ～う！

レゴラス　シリーズ化しちゃったり（笑）。

――うわ～、楽しそうです。大いにありえますね！

あなたは◯◯医タイプ？ 医者のキャラいろいろ 地味な外科、気のながい内科、短気な産婦人科

宇咲愛　そういえば、産婦人科病棟にいたときに「産婦人科は大変だから……整形（外科）に転科します」という先生がいらっしゃいました。

池川　なるほどね。医大の同級生でも、産婦人科医の娘や息子がいましたけれど……当時から、産婦人科は「斜陽」と言われていて。あとを継ぐ人はほとんどいなくて、みんな、よその科へすすんでいました。いまはもっと減ってるんじゃないかなぁ。

宇咲愛　そうでしょうね。少子化だし。

池川　あと、さっきの話みたいに……訴えられちゃうし（笑）。

——科によっても、ドクターの性格は違うのでしょうか？

池川　違いますね～。産婦人科医は、みんな気が短いんですよ。

温厚そうな人でも、まずまちがいなく（笑）。

お産というのは一瞬の勝負ですから……そうならざるを得ない面があるというか。

対して、内科は気の長い人が多い。だって……たとえば「（患者さんが）亡くなるまでの年数」にフォーカスしたばあい「あと○年」という単位じゃないですか？

でも、産科は「たった数時間」で生死が決まってしまったりする。

だから、（少なくともお産の前後は）のんびり構えてられないというか。

宇咲愛　ほんと、おっしゃるとおりですね。

池川　で、医者がお産に立ち会うと……気が短いから（笑）急かすんですよ。

だから、助産師さんはギリギリまで医者を呼ばないんです。もうほんと「生まれる!!」直前までねばって「先生！」と呼ぶのが……いい助産師さん。

ぶっちゃけ「医者が立ち会ってもしょうがない」と思うところもあるけれど（笑）。

だって、助産師さんが仕切って下さいますからね。

宇咲愛　あ、それで思いだしました。産科の先生を呼んだのに、間に合いそうになくって。

でも、法的には「立ち会ってないとダメ」じゃないですか。

だからもう、外科の先生を引っぱってきて（笑）「立ってるだけでいいですから！」って。

池川　あははははは（笑）傑作だなぁ。外科の先生もビックリしたでしょうね。

「なんでオレがお産に……？」って（笑）。

宇咲愛　目が点になってる感じでね（笑）。

でも、外科の先生は協力的というか……気のいい方が多かったんです。

池川　そうですね。だいたいにおいて、外科は地味というか……花形的なケースもなくはないけれど、実直な感じというか。で、整形になると……わたしの知るかぎり、けっこうハデというか（笑）目立つタイプがおおい感じで。

——あ……なんか、わかる気がします（笑）。

医学の進歩は逆効果!? 人まかせ、数字まかせの現代病

池川　医学が進歩したおかげ……というか、そのせいで。不安を抱える方が、ふえたんじゃないでしょうか？　検査の結果ひとつで「正常／異常」とか……「気にしすぎじゃない？」とツッコミたくなる、こまか～いところにコミットしてるというか。

宇咲愛　情報過多なんですよね。

池川　そうそう。むかしは、検査もそこまで精密じゃなかったから「おおむね健康」でよかったんですよ。でも……いまって「自分を病気にしたい人」が（笑）けっこういらっしゃって。

「オーバーぎみの数値なのに、なぜ正常判定なんですか？」とかね。聞いてくるんです。おかしなことなんだけど、「あなたは病気です」って言われると……安心する人、けっこ

ういるんですよ（笑）。

レゴラス　震災のあと、放射線（量）をはかる人がふえたじゃないですか？　そのさい「放射線に対する意識の高い人ほど、症状が出やすい」と聞いたんです。ほかの物質にもいえることですけれど……誤解を恐れずにいえば「敏感な人ほど、（該当物質の）被害者になりやすい」といいますか。いまの検査の話もいっしょですよね。

「はからなければ、気にしなかったのにね」っていう。

池川　そうなんです。たとえガンであったとしても……自覚しなければ元気だったところ「わかってしまったゆえに、不健康になってしまった」とかね。

――　企業だと、健康診断が義務づけられていますよね。それで、「D判定は再検査」とか……そういうところから、疑心暗鬼になっている気がします。

池川　洗脳ですよね。「ちょっとでも数値がズレた人は、異常です！」という。みなさん、小学生から、そういうトレーニングをされてきちゃっている。点数が一点でも「上がった／下がった」と一喜一憂したりとかね。人生だって「誰かの評価がないと、不安」みたいな……とにかく、自分の感覚で「大丈夫」と決める習慣なく、ここまできちゃってるんですよ。

宇咲愛　ひとまかせ、数字まかせ……みたいな風潮がありますよね。むかしは……たとえば卵の賞味期限ひとつだって（ラベルされてないから）自分で判断するしかなくて。パカッとわったときに「あ、これ腐ってる！」とかね。

池川　なつかしい〜。「ちょっとトロッとしてるけど、焼けば大丈夫」みたいなね（笑）。

宇咲愛　そうそう！　むかしは、匂いとか質感とか……五感で体感して判断していたのが、数字とか日にちとか、データに取って代わられて。

池川　まぁ、お店なんかは「賞味期限を過ぎたらアウト！」ですけれど……。家にあるストックだったら、自己判断で「まだ平気」とかね（笑）。

――駄菓子屋さんとかも、そんな感じでしたよね？「あのお菓子、いつ仕入れたんだろう？」みたいな年代物があったり。

池川　ありましたねぇ〜。「去年からあるけど大丈夫？」みたいな（笑）。

――なつかしいです（笑）。でも、いまはコンビニの店員さんが、たった数時間……数分であっても「賞味期限が切れた」おにぎりやサンドイッチを廃棄してるじゃないですか。あれも医療といっしょで「クレームが来ないための事前策」なんだろうなぁと。

宇咲愛　機械的なね。うちの母は八十九歳になるんですけれど、「むかしは触診で〝ここが悪い〟と診てくれる医者が多かったけれど、いまは検査ばかり。数字だけ見ている印象だし、名医と呼べる人が減ったんじゃないかしら」と言っていましたよ。

――数字だけでは、はかれないですよね？

池川　そうですね。もちろん、まったく無視はできないけれど……バランスというか。数字だけじゃなくて、直感も使わないと。

――全体のバランス、ということですよね？

シロウト考えかもしれませんが……仮に「悪いところがあった」として、でも「全体でみたときに、ほかの部分でカバーできてればＯＫ」みたいに思っていて。

池川　はい、わたしもそう思っています!!

クレーマーさん、いらっしゃ〜い♪目からウロコの撃退センスに学んじゃおう

宇咲愛　どこの業界でも、クレーマーみたいな人って増えていません？

レゴラス　権利意識というか……。

池川　ひとつの「意見」ならまだしも、ほぼ「言い逃げ」というかね。文句を言いたいのかな？（笑）

宇咲愛　ストレス解消とか。

池川　そういう面は否めないでしょうね。無意識下で、ストレスを抱えている人もおおいですし。だから……というわけじゃないけれど、「クレームを言いたい人に言わせてあげる」のって、けっこう大切かなぁと。個人的には思ってるんです。

それによって、ある種「人のお役に立てる」気がするというか……。

――社会貢献！

池川　あはは（笑）まぁ、大枠でいうと……そうかもしれません。クレームを言う人って、その対象は何でもよかったりするんですよ、じつは。

もっともらしいことを言っているようで、目的は「文句をいう」ですから。

――ネットにクレームをあげるケースもありますよね？

池川先生は「胎内記憶」を唱えだした二十年ほどまえから、2ちゃんねる（現：5ちゃんねる）に「トンデモ医者」とか……。

池川　も～、それはたくさん!!　書かれた、書かれたぁ……いまでも書かれますけれど（笑）。なかでもひとり、わたしのことが大ッキライな（笑）内科医がいて。ずーっとバッシングされつづけてるんです。まぁ……ブログで「池川」って呼びすてだったのが、書籍になったら「医師」と直してあって「お、ちょっとは遠慮してるのかな？」と思いましたけれど（笑）。

――編集の意向かもしれませんね。

校正者からも「この表現、まずくないですか？」と、指摘されますし。

池川　あ、なるほどね（笑）。で、くだんのブログに「こいつは帝王切開やって、患者からカネをたくさん巻き上げて、ほんとにヒドい!!」みたいな記事があって。それを真に受けた読者――この人も医者でしたけれど――が「ほんとだ、ひどいね～」とコメントしていて。

でもねぇ、巻き上げるもなにも……うちは帝王切開をやったことがない（！）んですよ。たったの一回も。

宇咲愛　ひと違い？

池川　いやいや（笑）ちゃんと「池川」って書いてありました。

とにかく、まぁ……その一件で「相手にエビデンスを求めるわりに、自分の発言には無頓着な人たちなんだな」って。彼らの体質が垣間見えたんですよ。でも、これって世間のほとんどの人に当てはまることかもしれない。「他人には厳しくて、自分はものすごくルーズ」っていう……そういう人、多いじゃないですか？（笑）

――（笑）耳が痛いです。

池川　自分から「言いたい」ばっかりで、逆に「言われる」ことは想定していないっていう。だから、もう……そんないいかげんな人たちの意見を真に受ける必要はないよなって。途中から、ようやくそう思えたんです。

宇咲愛　おっしゃるとおりですね。

池川　それとね、彼らは「クレームを言いたいから、言っている」。それ以上でもそれ以下でもなく「ただ、それだけの人たちなんだな……」というのも見えてきて。ならば「気のすむまで言わせてあげたら、おさまるのでは？」という発想から、いまに至る感じです。

――すごい！　先生は平素から「受けながす」というか……どんなクレームにも、フラットに対処しておられる印象です。

池川　ははは（笑）そうですか？　ありがとうございます。とにかく、そういう観点でみたさい「ただひたすらに、クレームを受けつづけるわたしって……けっこう、いいヤツだったりしない!?」と、思えてきて（笑）。

宇咲愛　すばらしい！

池川　もっというと……クレーマーというか「社会にたいしても、貢献できてるかも？」と。そういう発想に至ったんです。ま、勝手な思いこみと言われれば（笑）それまでなんだけど……「前向きになれるなら、アリかな？」って。

そう思えてから、ネットで叩かれても腹が立たなくなったんです。

――さながら悟り……の境地ですね。おなじようなお話を、マンガ家の先生から伺ったことがあります。歴史ものを連載したさい、時代背景や設定など……読者から、お問い合わせが寄せられたそうで。

で、「このマンガはでたらめ」「ひどい作品」とか……根拠のないクレームをならべる人にかぎって「ぜったいに連絡先を書いていない」と。対して、「わたしが見た資料ではAと書かれていたところ、先生のマンガではBとなっていました。どちらが正しいのでしょうか？」みたいなケースには「もれなく連絡先も記入されている」そうで。

「そうやって具体的に質問してくれたら、答えようもあるけれど……ダメ出しだけで言い逃げされてもね」と、苦笑いされていました。

だから、やっぱり「言いたいだけ」の人っているんだなぁと（笑）。

池川　いますよぉ～（笑）。驚いたのは、Amazonの書評で「わたしはこの本を読んでいませんが」という（!!）書きだしの人。

それで書評は★ひとつ。もう、意味がわからない（笑）。

宇咲愛　衝撃ですね（笑）。

池川　あれには参りました（笑）。

レゴラス　あとは、おなじく……読んでいないのに「読んだふうレビュー」とか。

――サクラも含めて、けっこう混ざっていますよね？

池川　こっちは真摯に本を書いてるのに、ね～（笑）。それで言ったら、さきほどの「胎内記憶・反対派」内科医さんだって「読んでいない」クチですよ。

わたしは論文も書いているし、それを著書に引用したりもしています。でも、それらをチェックしているようすはなくって。ネットの情報だけで書いている印象なんですね。

たとえば……わたしが「三割の子どもに、胎内記憶が見受けられた」と書いたら「うちの子どもふたりに、胎内記憶はなかった」「だから、そんなものはない」と（笑）反論してきて。「いやいや（笑）三割だから、二人じゃ足りないじゃん！」と思ったけれど……もう、ツッコむのもアホらしくて。計算できないのか、読んでないのか（笑）。

――両方かと（笑）。

宇咲愛　おバカさん（笑）。

池川　まぁ、わたしはわたしで「さ～、こんどはどこにツッコんでくるか⁉」って思うと、なんだかワクワクしちゃって（笑）。

――出ました！　ブラックあきら（笑）。

池川　あはははははははは（笑）そのと～り！

――でも、あれはすごいと思いましたよ。「悪口って、思いのほか体力つかうでしょ？　だから、わたしに楯《たて》ついてエネルギー消耗する人って（笑）よそでクレーム言わなくなるんじゃない？」っていう、先生の発想！

池川　ははは（笑）。あとは……クレームの矛先が、わたしの患者さんとか。

アンチに対して、そういう捉えかたは無かったです。

まわりの人に向くのを避けたいっていう意図もありました。

レゴラス　なるほど。

池川　いずれにせよ、カーッとなったときって、エネルギーをつかうし……そうそう連打して怒れないはずなんです。だから「わたしい以外の人には、やさしくなっているのかな？」って。そう思ったんですよね。ある意味、炎上商法⁉　というか（笑）。

――おぉ、すご〜い！　名づけて「光の炎上商法」じゃないですか〜。

宇咲愛　すばらしいです。あと……Amazon のレビューってあるじゃないですか？　わたしはあれ、まったく読んだことがなくって。

――参考ていど、といった印象です。★五つでも「えっ？」という作品もありますし（笑）逆もまた然り……で。ようは平均値なもので、必ずしも自分の好みと一致しないんですよ。

あとは匿名なせいか、信憑性もいまひとつで。

宇咲愛　わたしはつねづね「文句があるなら、正々堂々！　いらっしゃい」「受けて立ちますよ～ッ!!」と、公言してるんです。そのせいか？　かえって誰も来ませんけれど。

池川　（笑）噛みつかれそうだものね。恐れをなしてるのかも～。

宇咲愛　あはははははははははは！　そうかもしれません（笑）。

でも、とにかく「名のらないで批判する」というのはフェアじゃないと思っています。

池川　ですよね～。

ふつうに質問すればいいことを、匿名でコソコソ書くから……おかしくなっちゃう。

宇咲愛　そういえば、外科時代に「元・ヤクザさん」が入院してこられたことがあって。まぁ、ご想像のとおり（笑）なにかと世話の焼ける方で……もう、テーブルひっくり返して「責任者よべ!!」とか。そうなるとたいてい、わたしの出番なんですけれど……いつも円満というか、まるくおさまって。

池川　えっ、すご～い！　ぜひともヒケツを（笑）。

宇咲愛　肝の座りぐあい？　なのかもしれませんが、「おいッ!!」と、拳をふりあげられたら「ふん、やってみれば？」みたいな感じで、ものすごぉ～く冷静に。

顔を突きだすんですよ。そうすると、たいてい殴れない。

池川　「殴ったら、傷害になる」って知っていますからね。怒鳴ったり、壁をけったり、机を叩いたり……したとしても、人は殴らない。それと、「見返りありき」で刑務所に入ったばあい、妻子の面倒を見てもらえるけれど……そうじゃなかったら保障もないし。

宇咲愛　おっしゃるとおり。その方は「あんたみたいな姐さんとやり合うのは、もうこりごりだッ!!」と（笑）しおらしくなっておられました。

池川　おっかし～（笑）。ヤクザだった人にコワがられるって、なかなかやりますねぇ。

宇咲愛　動じないんですよ、そういうの。

池川　あぁ、それで思いだしたけれど……医大の同級生に「米倉ジム」でボクシングやってたヤツがいて。現場でクレームになったさい、彼が出ていくと「おっ、話のわかるヤツだな！」とか言われて（笑）先方と仲よくなっちゃう。ま、ウデっぷしも強かったし……医者ながら「歩く凶器」なんて異名をとっていましたけれど（笑）。

――凶器（笑）!?

池川　そう（笑）。「すわ、プロデビューか!?」ってくらい、ボクシングのセンスもあったし。大山倍達《ますたつ》※に憧れて、片眉を剃ったり（笑）山に籠もったり……ずいぶん自由というか、アウトローなことをやっていました。

まぁ、国家試験も受けて、ちゃんと医者になりましたけれど。

――すごい！　映画の主人公さながらですねぇ。お会いしてみたいです。

池川　いいヤツですよぉ～。

宇咲愛　やはり、産婦人科で？

池川　いいえ、内科です。いま、彼は大阪なんですけれど……新幹線にのって、定期的に診てもらったり。ウデも確かで信頼しているし、なにかと交流してるんです。

逆に、「コイツにだけは診てもらいたくない」みたいな同級生もいて（笑）。でも、そういうひとって意外と人気なんですよ。患者さん受けがいいというか。

――え～っ！　それ、めっちゃコワいです（笑）。

でも、たしかに一般論として「口がうますぎる人はアヤしい」とか……ありますよね？

宇咲愛　そうそう。やたらとテレビに出ている人とか。

――ようは、ネームバリュー的な……？

池川　まぁね（笑）。でも、最近はその人気のおかげでウデを上げたのか？

なかなかいい医者になっていて、びっくりしちゃいました（笑）。

――評判にかなうお医者さまになられた、と。

池川　そのとおりです。人って変わるなぁと（笑）。

※極真カラテの創始者であり、世界的な武道家。パワースポットで知られる秩父・三峯神社で修行していたことや、マンガ「空手バカ一代」のモデルとなったエピソードでも有名。

シナリオありきのメディア世界 鵜呑《うの》み、まる呑み要注意！

池川　テレビ局の取材で、お産のシーンを撮ったことがありまして。で……安産で、赤ちゃんも元気に生まれて、わたしは「最高のお産だ！」と思ったんですよ。なのに、スタッフさんから「これは使えません」と言われてしまって。「えっ、こんないいお産なのに！どうしてですか⁉」と聞いたら「やっぱり、お産は苦しまなきゃ」と言うんですよ（笑）。だから、テレビで流れる「お産シーン＝妊婦さんが苦しむ」というのは、いわば「男の思いこみ」でつくられた世界なんです。「鼻からスイカを出すくらい、痛い！」とかね（笑）。

――　たしかに、ちょっと違和感のあるフレーズですよね。

池川　でしょう？（笑）ようは、ドキュメンタリーでも「これを言わせたい！」ってセリフだったり、シナリオがあるわけです。彼らは、こちらの「ありのままを撮りたい」わけじゃなくって、ただ「シナリオに沿わせたい」だけなのです。で……だいたい「あ、この単語がほしいんだな?」って、わかるから「意地でも言うもんか!」と、がんばるんだけど(笑)向こうもプロだから……そこは粘るわけです。

で、インタビューが延々つづいて……ついポロッとしゃべっちゃったら(笑)「ハイ! ありがとうございました!!」って即カット。案の定というか、オンエアではそこだけ使われるんです。都合よく切り貼りして、彼らの意向どおりのキャラクターに仕立ててしまう。

よく「週刊誌に、デマを書かれた!」と怒ってる芸能人、いるじゃないですか。あれも同じですよね。ご本人がまったく違うニュアンスで発言したことを、そこだけ切りとって、あげつらうというか。わたしも経験があるから、よくわかります。

宇咲愛 あっ、わたしもありましたよ! 看護師長のとき、自宅にイルミネーションを飾ったことがありまして。そしたら、週刊誌から「取材させてもらえませんか?」って。「イルミネーションの話題だし……まぁいっか」と思って受けたんです。そしたら……それこそ「言ってない!」発言だったり、とにかく、おもしろおかしく書かれてしまって。まずいことにまた、理事長が記事を見ちゃったんですよ。当然ながら「きみ、こんなことを書かれて恥ずかしくないのか？」って……もうアホらしくて、言いわけする気にもなれませんでしたけど。「あ、これがメディアなんだ」って思いました。

――つくられた世界、ですものね。むかし、石田純一さんが「不倫は文化」発言でバッシングされましたけれど……ご本人いわく「インタビューの、一部分だけピックされてしまった」と。わたしも、そのインタビュー録を読んだださい「あ、前後の文脈があるなら（問題のフレーズも）おかしくないな」って納得して。

池川　やっぱり、メディアの意向ってありますよね？

「さからうと、干される」みたいなところも含めて。

あと……たとえば新聞社でも、そこの「トップの思想／傾向」を考慮してこそ、フラットに読みこめるというか。でも、あまりにすなおに「そうなのか！」と記事を鵜呑みにする人がおおいような気がします。

まぁ、ネットの普及でだいぶ変わってきたけれど……まだまだ、かなぁ。

テレビのニュース祭り、出されたものを「正しい！」と信じて疑わないから、メディア・リテラシーがないんですよ。

政治でいったら「首相が好き／きらい」どちらか一択のみ！　みたいなね（笑）。

好きな記者ならヨイショになるし、きらいな記者ならアンチ、っていう。
とにかく、ただそれだけのことなんです。
それらしい理由をつけていたとしても、ね（笑）。

スピリチュアル・ジプシーと健康オタクの共通項とは？

池川　でも、それはわたしたち医療者も同じかもしれない。たとえば……酒の飲みすぎで肝機能が悪くなった人がいたとします。で、そこにいたる原因が「家族関係のストレス」だったとしたら……原因である「ストレス」にこそ目を向けるべきなんだけれど、そこまでたどり着いてないのが現状で。

だいたいみなさん、わるいところを見つけたくて（笑）来院するんですよ。だから……検査して「異常ありません」なんて言われようものなら「いや、そんなわけない！」と怒ったり（笑）。それで、ウィンドウ・ショッピングならぬ「ドクター・ショッピング」して（笑）自分が思っていることをドンピシャ！　で言ってくれる先生に当たると「名医だ！」と思ったりね。そんな感じなんですよ。でも、よ～く考えたら、予想どおりの答えしか言わない病院なんて「いらなくね？」って思いません？（笑）

とにかくみなさん、ある意味でご自分を病気にしたくて、病院に行くんです。

宇咲愛　スピリチュアル業界も一緒ですよね～。真実を教えてほしいんじゃなくて、「あなたは特別だ！」とか……ウソでもいいから、欲望を満たすことを言ってくれるような先生をさがすというか。

――都合のいい答えを言ってほしい、と。

宇咲愛　そうそう。

池川　それにぴったり当てはまる人がいたら「いい先生だ！」って。ほんと、おんなじですね～（笑）。

偏差値ではかれないこと
テストよりも学校よりも、
うんと!!大切なこと

――うちの母親は、恐らくストレスから……子どもにあたり散らしては、暴力をふるう人だったんです。ふだんは大人しいんですけれど、いったんカーッとなると止まらなくて……そこらへんにあるものを投げつけたりして、けっこう大変でした。でも、外ヅラはよくって社会生活は保っていて。そういう人、けっこういるみたいなんです。

池川　うん、多いですよね。

――家族にいると、きついなぁと……（笑）。

宇咲愛　外で「いい子ちゃん」すぎるんでしょうね。

レゴラス　ムリしすぎなんですよね。たぶん、もともとストレスを溜めやすいのに、がんばっちゃうから……なおさら。だから、うっぷんを晴らしたくなっちゃう。

池川　「自分には正当性があるから、他者を傷つけてもいい」という発想なのでしょうか？

宇咲愛　「いい人でありたい」というか……自分なりの「いい人像」の理想を描いては、がんばっちゃうのでしょうね。

でも、現実とのギャップが埋められなくて、ストレスになっちゃう。

それでいくと……わたしって、こんなにちゃらんぽらんじゃないですか？（笑）

だから、StarVenusにいらっしゃる方が「これでいいのね！」と（笑）安心なさるそうなんです。

レゴラス　愛さんは「好き」とか「きらい」も、ハッキリ言うよね。

宇咲愛　そうそう（笑）。だから「えっ！　〝きらい〟って……公言しちゃっていいんですか!?」とおっしゃるので「だって、きらいなものは嫌いでしょう」って（笑）。

「愛＝ぜんぶを受け入れないといけない」とか……。

そういう発想の方が多い気がするんですよね。

レゴラス　聖人君子をめざしてしまう。

――うちの母親も「尊敬される人になりたかった」と言っていました。

戦後、まだ女性の大卒がめずらしかった時代に……奨学金で行ったような人でしたから。根っからのエリートというか、よくも悪くも生真面目。ずっと教職だったのですが、いっとき偏差値をつくったチームにも在籍していて……。

池川　わ〜！　なんかフルコース的な（笑）教育ママさんですね。これはキツそう。

——はい（笑）プレッシャーともども、大変でした。でも、わたしはずっとマンガ家になりたくて、絵ばっかり描いていていて。学校の勉強にはまったく興味がもてなかったんです。だから、成績は下から数えたほうがはやくて……（笑）ずいぶん責められましたね、「わたしの子どもなのに、この成績は何!?」って。

池川　いやいや、「あなたの子どもだからです」って（笑）。

宇咲愛　そうそう。「大切なのは、偏差値じゃないんだよ」ということを……おしえにきたんですよ。

——いまになって、わたしもそう感じています。母のガンコさは、あいかわらずですけれど（笑）わたしが来たことで変わった面はあると思うし……わたしも、エリートの方々の葛藤みたいなものを、彼女をとおして見せてもらったというか。

池川　おぉ、相互理解〜。ところで、エリートの方って、どんな感じなんですか？（笑）

宇咲愛　先生はエリートじゃないですか（笑）。

池川　いえいえ、わたしは「なりたくてもなれない」というか。

まぁ、ホンネ言うと「エリートになろう！」と思ってはいませんけれど（笑）。

全員ではありませんが、わたしの知るかぎり……できる人の勉強法って「試験に出るところだけやる」スタイルなんです。わたしみたいなできないやつは（笑）ぜんぶやる。

——あーっ、わたしもです！　ぜんぶやろうとして挫折するタイプ（笑）でした……。

池川　たいていの人は、そのタイプというか、傾向にあると思うんですよ。

それと、わたしのばあいは「試験＝自分の達成度をはかるもの」と思っていましたから、そのために勉強しているところもあって。

でも、できる人って「点が採れたら〇K！」「出題されるところだけ勉強すれば〇K!!」みたいな……とにかく合理的なんです。じっさい、それで満点を採ったりしていましたし。

だから、勉強に対する取り組みかたも、ぜんぜん違っていました。こんなふうに言うと、まるで彼らがズルしてるかのような（笑）もの言いですけれど……そうではなくって。

現状の教育システムを見るかぎり、かしこいやり方なのかもなぁと思います。

だって、文字どおり「出題されたところが解ければ〇K」なわけで……。

それ以外のところは、どれだけ深めても評価されない。

でも、人生って逆じゃないですか。「成功」よりも「失敗、挫折」体験のほうが、はるかに奥深いし……人間性をも、高めてくれるわけで。

なのに、いまだ学校の試験では「人間性」じゃなくて「点数」のみ。

そういう教育で、ここまで来ちゃってるものだから……。

「アタマはいいけど、人間的には未熟」みたいな子たちができあがってしまう。

で、彼らがまた、裁判官になったりするもんですから……こわいですよ。

レゴラス　ほんとですねぇ。

ドクターの世界にも、そういう人はいっぱいいらっしゃるんじゃないですか？

池川　もちろん。

ご多分に漏れず……出身校で人間の優劣を判断する方はいらっしゃいます。

――それで思いだしたんですけれど……むかし、箱根駅伝を見ていたら

「〇〇大学の●●（選手名）、実力で合格しました！」とアナウンスしていて

「えっ、じゃあ、ほかの選手は？」となったことがあって（笑）。

池川　うわぁ（笑）それ、激ヤバ発言……というか、かなりの失言ですよねぇ。
いまだったら、大問題かも。

レゴラス　ははは（笑）たしかに。まぁ……でも、私学ですからね。
ふところ事情を考えると、わからなくもないかなぁと。

――経営もありますし。

レゴラス　そうそう。好意的にみるなら、
「一般入試から、みごと選抜チームにえらばれました！」みたいな主旨だったのかも。

池川「特待生じゃなかったけれど、レースに出られるまでに成長！」みたいなね。

――入試で思い出したんですけれど……あるとき、石井社長が「オレ、勉強できなかったけど、マークシートはバッチリだったよ!!」というので「えっ、どういうことですか？」と聞いたら「問題用紙を見つめていると、正解の番号が光って見えるんだ!!」って（笑）。

池川　えぇっ、すご～い!!……って、ホントに？（笑）

――まぁ、飲み会トークなので（笑）真偽のほどは……ですけれど。
でも、ほかのスタッフともども「社長なら、やりかねないよね」って（笑）。

池川　あはははははは（笑）たしかに！　石井社長さん、ほ～んとサイコーです!!

社長
またダブルブッキングしましたよね？
キッ
ちがうよ
ダブルじゃなくてトリプル!!

アウトプットで攻略せよ♪ ピンポイント勝負の㊙テスト術

宇咲愛　レゴラスさんは「一回読んだもの＝基本的にインプットされている」から、「それをどうアウトプットするかのほうが大切」と気づいたんですよね？

レゴラス　はい。長らく「試験ができなかった＝勉強が足りなかった」と思っていたし「勉強が足りない＝インプットが足りてないから、もっと覚えなくちゃ」と思っていたんです。

池川　わかる～（笑）。わたしと弥絵さんも、まさにそのタイプ！

――はい（笑）！

レゴラス　僕もそうだったんですけれど……よく考えたら、試験問題を見て「これ、知ってるわ～。でも、わからんなぁ（笑）」というのは、情報が「入ってはいるけど、出てこない」状態なわけで。ようは、インプットよりもアウトプットが問題なんですよ。

もちろん、インプットは大前提として……そこばっかりじゃなくて、

「入れたものを、いかにスルスル出せるのか？」。

これがポイントなんです。スポーツ選手って、競技前に音楽を聴いて、リラックスしたりするじゃないですか？　で、いざ試合になったら戦闘モードにサッと切り替える。

あの感じが理想だなぁと思ったんですね。

池川　わかります。

レゴラス　で、僕は会社をやめたとき、社労士の試験を受けることにしたのですが……これが、まぁまぁ難しくて。試験は八月の第四日曜だったので、夏まえに勉強をはじめようと思ったのです。そしたら「七月に入ってからで間にあうよ」って声が聞こえてきて。

池川　天の声！（笑）

レゴラス　ははは（笑）そうなんです。それで七月から勉強しはじめたのですが……おぼえる量も多いし、日常・他のこともやらなくちゃいけないしで。

けっきょく、問題集をひととおり読むぐらいしか勉強できなかったんです。

それなので、決して万全！　という状態ではなかったのですけれど……試験当日に、

「リベラ」という少年合唱団の歌声を聴きながら会場に向かうことにして。そしたら、フワ～ッとリラックスできたんです。

池川　天使の声、ですよね～。宇宙とつながっちゃうのかな⁉

レゴラス　案外そうかもしれません（笑）。で、会場に着いたら、みんな必死に参考書を読みこんでいて。

宇咲愛　落ちる気満々。

池川　たしかに（笑）。

レゴラス　そう。不謹慎な言いかたかもしれませんけれど――落ちる、と思っているからこそ――必死になってしまっている。

池川　そうですよねぇ。潜在意識が「オレは落ちる！」モードになっちゃってる。

レゴラス　はい。「勉強が足りない」と思っているから、ぎりぎりまで必死になるわけで。で、僕はというと……その人たちを横目に、フワ～ッとしたまま試験に臨んで。でも、これがスイスイ解けるんですよ。

池川　おぉ～！

レゴラス　あまりにもスイスイいくものだから「これ、ホントに合格しちゃうかも⁉」と、手ごたえを感じて「これはちょっとマジメに、腰を据えてやらなくちゃ」と、途中で気負ってしまって。

最後、とくいな科目が来たときに……つい、アタマを使ってしまったんです。

池川　それがよくなかった。

レゴラス　あとで自己採点したら、10問中7~8点とか。65%で合格ライン……という中で、けっこうとれていたんです。

でも、最後の科目でひっかけ問題にぜんぶひっかかって（笑）2点しかとれなくて。

池川　あちゃ~。考えすぎちゃったんですね？

レゴラス　そうなんです（笑）。けっきょく「1問でも4点以下だと不合格」ということで、試験には通りませんでした。でも、もし通っていたら……いまとぜんぜん違う方向性になっていたから（笑）結果オーライだったんですけれど。

宇咲愛　いまごろ給与計算ばっかり（笑）していたかも!?

レゴラス　ははははは（笑）。ま、とにかく……そういうわけで、「インプットよりも、アウトプットが大事」ってことです。

池川　ほんとですね~。さきほど「歩く凶器」とお話しした（笑）僕の同級生は、たまにしか登校しないのに、ドイツ語の成績はめちゃ良くって。たぶん、トップだったんじゃないかな？　でも、そのあと遊びはじめちゃって、ますます大学にこなくなって……そしたら「オレはトップをとれる！　とわかったから、もうあまり勉強はしない」と言っていて。

――王者の余裕⁉　といった感じですね。

池川　ほんとだよねぇ（笑）。で、試験前にわたしのノートを借りにくるんだけど……なぜか？　いつも彼のほうが高得点（笑）。なんでかな～と思っていたら「だって、〝試験に出るのはココ！〟って、おまえのノートに書いてあるじゃん」って。でも、そう書いたはずの本人は「ぜんぶやらなくっちゃ‼」と気負っているから（笑）均等にチカラを入れてしまう。で、キャパオーバーして、覚えられない……と。

宇咲愛　そうなってしまいますよね～。

池川　彼は「試験に出る」ところだけピンポイントに覚えているから、僕より点数がいいわけです。卒業して……ずいぶんたって、その話を聞いて「な～んだ、もっとはやく聞いてれば！」と思いましたね（笑）。

最先端！ ハイブリッドな道ゆく☆右脳派チルドレンに学んじゃおう

池川　右脳教育をやっている飛谷ユミ子先生が「飛谷こども研究所」を開設なさっていて。通っているのは小学生までのお子さんなんですけれど……そこの卒業生はたいてい、希望の大学に入ってしまうんですって。「えーっ、すごい」と言ったら「入試問題が事前にわかるらしいですよ」って。だから、みんな解けちゃう。

何となくですが……東大とかに受かる人って、そういうタイプが多いような気がします。

「わかっちゃう、予知できちゃう」みたいな。

宇咲愛　あ、わかるような気がします。わたしも看護学校で成績がよくて……やっぱり、そんなに勉強しなくても「あ、ココが出る」ってわかったんですよ。だから、最高得点とかもザラで……そしたら、同級生から妬《ねた》まれちゃって「あの人は先生に取り入って、テスト内容を教えてもらってる！」って。言いがかりをつけられたこともありました。

池川　災難でしたねぇ（笑）。それで思い出したんですけれど、講演会にいらした二十二歳の男性と、そのお母さんとでお話しする機会があって。その彼は、発達障がいが少し入っている方だったんです。わたしが「子どもは自由に育てるといいんですよ～」と言ったら、お母さんが「はい！　うちはしたいことをさせています。テレビを二時間見て、ゲームを二時間やって、また別のゲームをやって……勉強は、教科書を五分くらい読むだけです」と。でも、成績はトップじゃないにしても、そこそことれるんですって。

で、あるとき「五分でこれなら、もっとやれば……？」と、つきっきりで教えるようにしたら、成績はみるみる下がってしまったそうで。

宇咲愛　あらまぁ。

池川　賢明だったのは、お母さんが「やりすぎた！」と気がついて……。もとにもどしたそうなんです、「五分しか見ない」っていうスタイルに。そしたら「また成績が上がってきたんです」と。

レゴラス　お～、ナイス！

池川　息子さんにも聞いてみたんですよ。「いつも、どんなふうに勉強していたの？」って。そしたら「教科書は〝読む〟んじゃなくて〝見てる〟だけ。ページに文字が浮かびあがってきて、大事なポイントや関連するところが……つぎつぎにカラーの色つきで現れる。僕はただ、眺めているだけ。

でも、なぜか？　その情報が試験に出てくるから、点数がとれた」と言うんです。「そんな勉強のしかた、あるのぉ⁉」と思ったけど（笑）成績のいい人って、意外とそんな感じらしいんですよ。

──興味深いですね。

池川　ようは、勉強するときに左脳をつかうか？　右脳をつかうか？　で、質も費やす時間も変わってくるんです。

それに、いまの試験制度って「自分の到達度をはかる」感じじゃなくて……。極端にいうと「合格すればＯＫ」みたいな世界観でしょう？

だから、「合格するため」のノウハウって、本来の勉強法とは違うんですよ。「勉強する」って、もともとは「自分が興味のあることを深める」意味あいじゃないですか。でも、いまは「勉強＝受験」みたいになっちゃってる。受験のための勉強と、自主的にやる勉強とでは、まったく意味が違ってくるんです。で、いまの試験制度で評価された人が社会に出たばあい……創造性に欠けるんですね。だって、「出されたものに応える」習慣しかついていないから。そういう人たちがトップになったら、会社は潰れちゃうんじゃないかと思ってしまいます。

逆に、いわゆる「落ちこぼれ」スタートの人たちって、叩きあげというか……実戦をとおってきて、生きた知識を持っているし。かえってイノベーションをつくる可能性があるわけですよ。というか、総じて……いまの社会で、あまり評価されてない人たちのほうが、生きる力が強いような気がするんですよね。

宇咲愛　あ～わかります。人間力がありますよね。

池川　そうそう、人間力。で、それって……試験では、はかれない類いのものじゃないですか。そこをお母さんたちがどう判断していくのか？　だと思うんです。

レゴラス　そうですね。

池川　で、高度成長期のころって、人間力は関係ない……というか、重要視されなかったじゃないですか。景気も右肩上がりで、引く手あまたで就職した人たちが、ちょうどお子さん……というか、もうお孫さんを迎えておられる方もいらっしゃるけれど。とにかく、若いひとたちに将来のアドバイス、的なことをする立場になっている。それで、そのなかの全員ではないにしても「昭和の成功モデル」を説きたがる方がいらっしゃるわけです。いまだにね。

「成功モデル」なんて、とっくに崩壊しているのに……「大企業なら一生安泰♪」って、信じて疑わなかったり。

宇咲愛　あぁ……いらっしゃいますね。「型にはまったもの」がお好きというか。

池川　そうそう。「正解はひとつ！　あとはぜんぶダメ‼」みたいな（笑）上から言われたことを鵜呑みにするばっかりで、自分のアタマで考えてないんです。

——アブないですね（笑）。

池川　そう、アブないの（笑）。とにかく、そういう感じで……価値観が昭和のまんま「いい学校、いい会社にはいれ！」って、子どもに仕向けるやりかたは、もうそろそろ限界かなぁと。どのみち、うまくいかない気がします。

宇咲愛　はい。お子さんにも意思がありますし……。

池川　おっしゃるとおりです。で、もっと言うと……これからは、「他人の評価ではなく、自分で納得のできる仕事かどうか？」これがポイントになってくると思うのです。そのためには、もちろん創意工夫というか……いまあるパターンの仕事で満足できないなら、みずから編み出す！　ことも必要でしょうけどね。

レゴラス　日々、探求というか。

池川　はい、まさしく。

でも……世の親御さんて「子どもの人生だから」「自由に歩んでほしい」とか、他人には言えるけど（笑）自分の子どもには「こうしなさい！」「ああしなさい!!」ってなっちゃう。もちろん、期待や愛情ゆえっていうのはあるんだけど……子どもからしたらウザい（笑）わけで。

――め〜っちゃわかります（笑）。

池川　でしょう？（笑）そのへんが、親子関係がうまくいかない理由のひとつというか、むつかしいところだなぁと。親サイドの「こうあってほしい」理想像と、子どもサイドのそれって、必ずしも一致しないじゃないですか。ま、あたりまえと言えばそうなんだけど（笑）その狭間で苦しんでる方って、意外とおおいような気がします。

「きょうは、天気がいいから休みまっす！」ズル休みしたくなるのは健全そのもの

宇咲愛　うちの子たち、ぜんぜん勉強しませんでしたけれど……子どもって「いざ」ってときには気がつきますよね？　必要に応じて、自発的になるというか。

そうすると……そのときに伸びる！　と思うんです。

池川　そうそう。ぜんぜんやらなかった子の伸びしろ、すさまじいですよ～（笑）。

まぁ、ぜんぜん（勉強を）やらないままでも（笑）それはそれでＯＫですけれど。

宇咲愛　それと、子どもにまかせておけば……自分で決めますよね？

トップも夢じゃない！

池川　そうそう。向いている……というか「好きなこと」ならできますから。

「自分は何に向いているのか？」とか「何になりたいのか？」とか。

「きらいなこと」を「やれ！」と言われてもむつかしいけれど、「好きなこと」ならわかりやすい。

宇咲愛　わたしたちだって、押しつけられたら「やりたくない」と思いますものね。

池川　そのとおりです。「やらなきゃいけない」と思っても、きらいなことって「できない」。

でも、「好きなこと」なら……ほかの人が止めたってやっちゃう（笑）。

宇咲愛　いま、不登校の子が多いのは……そういうことなのでしょうね。

池川　彼らにとっての「好きなこと」「やりたいこと」が、現状の学校にはないという。

宇咲愛　「行っても、おもしろくない」と。

池川　子どもが遊んでいても「ほかの人の邪魔をしなきゃいいから」みたいな感じで、ぜんぜん注意しない学校もあったりするんです。そういう学校の子どもは、のびのびできると思うんですけれど……「みんなと一緒にやらなきゃダメ！」というのは、子どもによっては苦痛でしかないですよね。

宇咲愛　自由、というか……。

子どもの意思を尊重するような学校がふえてくるといいですね。

池川　いま、少しずつふえているみたいですけれど、文部科学省の管轄だと「学習指導要領」があって……むつかしいかもしれません。「指導要領」というのは医療で言うところの「ガイドライン」なんですね。でも、ほんとのところ「ガイドライン」に義務的なしばりは無いはず……なんですけれど。なんとなく、そういう扱いになっちゃってて。だから、現場が「自分で考える」ことをしなくなってしまった。ようするに「言われたことをやっていればＯＫ」という世界になって、創意工夫がなくなっているんです。

宇咲愛　非常にわかります。

池川　あるお医者さんに聞いたのですが……おなじ病院で別の科にいる先生が、とにかく手術に失敗しまくる（！）のだと。あまりに続くもので、あるとき「なぜ？」と問いつめたそうなのです。すると、本人は涼しい顔で「いや、わたしはガイドラインどおりにやっていますから。どんなに苦情がこようと、裁判になろうと負けません！　わたしは正しいことをしているんです‼」って。そう答えたんですって。

――こわ～～～！

宇咲愛　あきれてものも言えませんね。

池川　まったくです。「交通法規を守って運転しているなら、事故を起こしても大丈夫」

みたいな言いわけ？　ですよね。

レゴラス　本末転倒。

池川　そうそう。「交通法規があるから安全」じゃなくて、「事故を起こさないための交通法規」なわけで……「たとえ事故っても、交通法規は厳守‼」とはならないじゃないですか。でもねぇ、どうも、そういう発想の人が増えてるみたいで。

「ガイドラインさえ守ればＯＫ」って、びっくりですよね⁉

状況によって、ルールのありかたも変わるはずなのに。

宇咲愛　そう思います。

池川　ただ、こういう事例を生み出している背景には……やはり、訴訟の問題があるわけです。それこそ、ガイドラインと違うことをやってしまったさい、合理的な説明ができないと負けてしまうんです。裁判でね。これはけっこう大変ですよ。

レゴラス　「なんとなく」とか「そんな気がしたから」とか……。

池川　はい、残念ながら。でも……真実なんて案外、

ふわっとした回答じゃダメなんでしょうね。

「そんな気がした」とか「気のせいかも」に隠れていたりするじゃないですか。

宇咲愛　そうですよね～。

池川　でも、裁判で「気のせい」は通用しないんです。証拠にならないから。

まぁ……だから、結局のところ「裁判で真実はわからない」と。

――真実って、ひとつじゃないですものね。いくつもの側面があるというか。

池川　そうね～（笑）

でも、裁判は白黒ハッキリというか、どこかで裁かなきゃいけないんですよ。

レゴラス　う～ん。でも、やっぱり「論理的に」「合理的に」っていうところにムリがある気がします。現場ってイレギュラーだらけなのに「ガイドライン化できる！」と思っているのもナンセンスというか、安易だなぁと。現状、まだまだ「できないこと」だらけ……というか、これは医療にかぎった話じゃなくて、われわれだって「できないこと」だらけで生きているわけじゃないですか。でも、なぜか「できる」前提でしか考えようとしない。その視点でいるうちは、なにも変わらないと思います。

宇咲愛　就業規則とおなじやね～。「できる」前提。

池川　「できる」人もいるけれど、そこを基準にしちゃうと……大半はキツくなってしまう。そういう図式が現状ですよね。せめて「キツかったら、ズル休みしちゃえ♪」って、まわりが言ってあげられる環境だったら……救いなのですが。

レゴラス　そうですねぇ。ズル休みしたくなるのは健全なことですし（笑）。

池川　ごもっとも（笑）。で、そういう「休みたい」ってホンネが言えなくて……。うっ積したストレスにまかせて犯罪にはしるとか。そういったケースが減っていったらいいなと……。

宇咲愛　「きょうは、天気がいいから休みます！」って、正直に言えたらいいのにね。

レゴラス　そうそう。それを許容できる世の中になれば、リスクヘッジしなくて済むんです。

宇咲愛　老健で看護師長をやっていたときのドクターは、ちょうどそんな感じでしたよ。「きょうは、天気がいいから行きません！　畑に水をやらないと……」って、電話してきて。ほんとに来ないんです（笑）。

池川　最高！（笑）大らかでいいですねぇ～。

宇咲愛　で、雨の日は来はるんです。水をやらなくていいから（笑）。

池川　すてきっ!!（笑）

レゴラス　ドクターが行使できるその自由を、スタッフ全員に共有させてあげてほしいなぁと……。

池川　うんうん、スタッフが気持ちよく働けてないと……盛り下がっちゃいますもんね～。

宇咲愛　ただね、この方は本業が……（笑）。あるとき、心肺停止になってしまった患者さんの緊急処置をやっていて。でも、ドクターは遠巻きにボ～ッと見てるだけなんです。「あれ？　なんかやってる～」みたいな感じで（笑）完全に他人ごと。

緊急時に呼びだしても絶対こないし（！）もうだんだん当てにしなくなりました。

――えぇっ、何のためのドクターなのでしょうか⁉

レゴラス　まぁ……ルール上は、老健にいないとダメですから。

池川　ひょっとすると、あえて？　当てにしないよう仕向けたのかも（笑）。

宇咲愛　あ、なるほど～（笑）。そしたらスタッフが育ちますものね！

神のみぞ知る？ 宇宙タイミング コツコツタイプと五分タイプの見きわめかた

――さきほど「五分しか勉強しない」お子さんの話を聞いて、「わたしの編集とおなじ！」と思いました。

池川 そうなの⁉（笑）

――絵を描くときのように、イメージというか……文字が降りてきて。そこからスタートさせるんです。ただ、そうなるまでが長くて。社長にも「いつまで待たせるの⁉」と、オコられっぱなしです（笑）。

宇咲愛 でも、降りてきたとき＝タイミングということですよね？ 宇宙が「いまだ！」と言ってるわけで。

池川 そうそう。あえて寝かせる理由があるわけですよ、きっと。

――さんざん寝かせて（笑）作業はじめたとたんに「追加の原稿です」って、著者さんから送られてきて（！）びっくりしたこともあります。で、これがまたインパクトある内容で……結果的には、その本のメインテーマにすり変わってしまったんです。

池川　なるほどね。うまいぐあいにできている、と……。

脳の使いかたも「五分しか勉強しない子」と似ているかも。

とにかく、これからはそういう脳の使い方がメインになっていくと思うんですよ。

宇咲愛　わたしもそう思います。

池川　時代を先どりしてますね～（笑）おもしろい！　ぜひ本にしましょう!!

タイトルは「これからの教育は、降りてくるのを待つ」。

――担当させてもらっている著者さんに、金城光夫さんという方がいらっしゃいまして。この方のデビュー作『わたしは王』が、異例というくらいにヒットしたんです。聞けば、〝師匠〟とあがめていた方から「おまえ、三日で本を書け！」とムチャぶりされて（笑）原稿を書いたそうなんです。

池川　三日ですか！　石井社長もビックリの（笑）ムチャぶりですね～。

――（笑）。「えっ、文章なんか書いたことないし！」って、さいしょは金城さんも戸惑ったらしいです。そしたら、師匠が「〝自分は天才だ〟と思えばできるんだよ！　やれ‼」と（笑）。仕方ないので、言われるままに書いてみたら……あれよあれよという間に、ベストセラーになってしまったんです。

宇咲愛　宇宙的ですね～。

——はい。なので、時間をかければ良い……わけでもないのだなぁと。

池川　コツコツやる人もいれば、一気にダウンロードしてやっちゃう人もいる。だから、特性を見きわめたほうがいいですよね。

——そう思います。

池川　もし、子どものうちから、そういう見きわめができていたら……。人生の拓けかたが、違ってくるかもしれない。

宇咲愛　でも、誰が見きわめるのでしょうか？

池川　本人が自覚するのがいちばん早いんだけど……（笑）まずは、親御さんが「うちの子はどっちのタイプ？」という視点をもつことかなぁと。たいてい、コツコツやらせようとしちゃうじゃないですか？

でも、「五分タイプ」の子にコツコツやらせたら、ダメになっちゃうんですよ。

レゴラス　もったいないですよね。

池川　そう。右脳を使ったほうが、上昇能力がケタ違いに早いんです！「左脳でやって、目で見て記憶して……」というのは、ものすごく効率がわるい。右脳だと、ボ〜ッと眺めているうちに潜在意識に入っていくし、能力も高いわけです。なので、考えようによっては「右脳を使う練習」のために「学校のテストを活用する」のもアリかもしれませんね。

レゴラス　なるほど。

池川　ただ、当然ながら「能力のよしあし」をテストで決めることはできなくて……たとえば、クイズが得意で「そんなことを覚えてどうするの？」っていう（笑）雑学王みたいな子っているじゃないですか。そういうノウハウをテストに応用できる子は「成績優秀」、できない子は「成績がわるい」という……。

問題なのは、その評価が「人間性」にまで及んでしまうことなんです。「成績がいい人＝人間性まで高い」と勝手に思いこんでしまう。

宇咲愛　それは違いますよね。

池川　そこは、ちゃんと分ける必要があるかと。

——親御さんがタイプを見きわめたとしても、世間的には

「コツコツできない子＝ダメ！」みたいな感じが、まだまだ主流かなぁと……。

池川　出版社も、他社は「コツコツタイプ」が好まれるけど……ヒカルランドは「直観ＯＫ！」「結果を出せばＯＫ‼」みたいな⁉（笑）

――そもそもわたしは事務スタッフだったのに、ある日とつぜん「明日から編集ね」って、社長が……。

池川　あはははははははは！　社長さんからして直観タイプだ（笑）

――はい、まさしく（笑）。天才肌というか、つねに常識の逆をとるんですよ。

池川　目のつけどころが違うんでしょうね。でも、いくらムチャぶりでも（笑）「この人にはムリだな」と思ったら、任命しないと思いますよ～。

――どうなんでしょう（笑）。そのへんは社長のみぞ知る……といったところです。

編集者よ、立ち上がれ！
秘話からはじまるストーリーこもごも

池川　そういえば、センジュ出版さんに行ったときのことなんですけれど……。
――『いのちのやくそく』（センジュ出版／上田サトシ・共著）ですね。
池川　そうです。そこの社長さんから「内容がよくても、声がよくなければ本にしません」と言われて、ビックリして。本を出すときの決め手は著者の声なんですって。
宇咲愛　わぁ、おもしろい！
池川　思わず「えっ、わたしって声がよかったんですか⁉」と聞いてしまいました（笑）。ほかにも、いろんな制作秘話を聞いたんですけれど……目線がぜんぜん違っていて、おもしろいんです。
社長の吉満さん――女性なんですけれど――は、ヒョウ柄の服に、ハイヒールに、メイクばっちり！　に、好きな言葉は「弱肉強食」みたいな（笑）。とにかく「稼いでなんぼ！」キャラだったんですって。むろん、スピリチュアルとも無縁だったらしいのですが……独立して二冊目に出したのが、さきほどの『いのちのやくそく』で。

レゴラス　それが転機になったんですね。

池川　そうみたいです。（共著の）上田さんは執筆して、わたしは口述筆記でまとめてもらって……それぞれの原稿を読むなかで「あ、ひょっとして自分の生きる道はこっち（スピリチュアル）なのかな？」と彼女は思ったそうなんです。それで「弱肉強食の時代は終わって、ちょっとずつ変わってきています」と言っていました。

――社長さんにも歴史あり、ですね。

池川　ははは（笑）ほんとですね～。それで、増刷のさいに谷川俊太郎さんが帯を書いて下さって。聞けば、吉満さんのお友だちが谷川さんの秘書？　みたいなことをやっていて、お願いして下さったようで。谷川さんて、帯を書くときは必ず本に目をとおすそうで……その上で「四日で書いてくれた」と。おぉ！　と思いつつ「それは、この本を評価してくれた……ということでしょうか？」と聞いたら「そのとおりです」と。ダメ出しされるケースもあるらしいんです。なので「あの谷川さんのお墨つきなら、本当にいいのかも！」

と、自信を持っちゃいました（笑）。

――すてきな作品だと思います。

池川 ありがとうございます（笑）。上田さんとわたしのタッチは、ぜんぜん違ってて……彼はパッと見、アバウトそうなのに（笑）すごくきっちり考えるし、わたしは見た目どおり（笑）アバウトで。それが、二色あん最中みたいにミックスされてる一冊なんです。

――ちょっと小さめサイズで、表紙もほのぼのしていて。

いい意味でフィーリング寄りというか、スーッと読める感じでした。

池川 わたしのパートを一部、吉満さんが朗読してくれたんですけれど……これが、いい文章で。「いやぁ、名作だなぁ！」って。自分で言っちゃいました（笑）。

――著者と編集者……先生と吉満さんの相性もよかったのだと思います。読んでいて「先生をリスペクトなさってるんだな」って、ありありと伝わってくる紙面でした。

池川 （笑）ありがとうございます。そういえば……こういう「制作秘話」って、あまり公表されないじゃないですか？　どこかで出してみたら、おもしろい気もするんですが。

――そうですね。わたしはたまに「編集後記」という名目で（笑）

エッセイをのせていて……たしかに好評をいただくことが多くて。ありがたいです。

池川　そう！　メイキング的なものって、公表したほうがおもしろいですよ。

わたしが以前、書道展をやったとき――福田房仙先生が主宰する房仙会という書道会なのですが――会場はなんと、銀座の鳩居堂で。

――和光のすぐそばですね。

池川　そう、もうド真ん中の（笑）。「こんな格調高いところで、わたしが!?」と、ひるんでたんだけど「一〇〇〇人くらい見込めたら……」というところ、なんと三〇〇〇人も来ちゃってビックリ！　で。門下生で歌手のヒロさんが、ギター弾き語りで盛りあげてたら「ここは歌うところではありません！」と（笑）お店の人に怒られちゃったんですけどね。

おもしろかったのは……書道展て、ふつうシーンとして静かじゃないですか？　でも、そのときはすごくにぎやかで。作者に「これはどういう気持ちで書いたんですか？」と聞くと「そのまま書くと、ちょっと強すぎる文字なので……あえてかすれるように、墨を継ぎかえる前に書きました」とか、いろいろ教えてくれて。「作者が解説する」書道展て、はじめてだったので、すごくおもしろかったんです。

「どういう気持ちで書いたのか、くみ取りなさい」と言われたって……（笑）書道の経験がなかったら、わからないじゃないですか。

宇咲愛　そうですね……（笑）

池川　寺嶋仲悟さんという方の展示作に「龍」という書があって。「作品にあわせて、龍モチーフの額装にしました。かなり高額です（笑）」とか「もっとも白い半紙を選んで、額装も龍だから……ことさらに龍！　という文字が浮かびあがるんですよ」という解説をなさってて。そういわれると、ほんとに浮び上って見えるんですよ。解説を聞くのとそうでないのとでは、字の見えかたが違うんです。そういうホスピタリティに富んだ書展だったので、お客さんからは「おもしろい！」と好評でした。

やってるほうも、楽しかったです。

レゴラス　なるほど～。たしかに楽しそうです。

池川　「くみ取る」のも「自由解釈」も、もちろんアリだと思うんです。

でも、それとは別に「この箇所で苦労した」みたいな裏話が聞けると……もっと気持ちに入ってくるというか。さっきの吉満さんみたいに、本でそれをやるのもアリだなぁと。

レゴラス　メイキング公開、的な。

池川　そうそう。わたしたち著者の思いはもちろん「どうしてこの本を出したかったか？」という、つくり手側の思いもあるわけですよ。

「本が出るまでのエピソードを公開すれば、もっと作品が広まる！」と思いました。

宇咲愛　ドラマがありますものね。

池川　そうなんですよ。

――そいえば……いまや現代アートの巨匠となった笹田靖人さん、という方がいて。彼は無名のころからギャラリーに立って、作品の解説をしていたそうなんです。おおきなキャンバスに、リアルな人物やポップなキャラクターがごちゃ混ぜに描かれてるような、ほかにない世界観で。そういう作風もあってのこと？　かもしれませんが「解説しないと伝わらないから……世界観を説明するんです、思いを伝えるんです」って。いまじゃ世界的なアーティストになってしまって、作品は二〇〇〇万円とか（！）すごい値段が付いてるんですけれど。

「絵は解説してナンボだから」って、いまだにご本人がPRしてるそうです。

池川　にせんまん⁉（笑）そんなに巨匠になっても解説するんだ〜。

――いまのところ。展示会にもご本人が在廊して、ちゃんと説明するそうです。

池川　いいですね〜。そういう解説があると、ぜんぜん違うと思います。たとえばその絵を誰かが購入したとして、そのさいに……作品といっしょに、解説というか。

制作ストーリーも付いていくわけじゃないですか。そういうのってステキだなぁと。

レゴラス　作者の人生史というか。

池川　そうそう。演奏会とかでも「モーツアルトはこんな思いでこの曲をつくったそうです」みたいな解説があると……曲の入りが違うじゃないですか。

――笹田さんも同じことをおっしゃられていました。「ゴッホでもピカソでも、画評って読みたくなるじゃないですか？　だから僕も説明してるんです」って。

池川　じゃ、これからは本もおなじかな？　まずはヒカルランドから……（笑）

――「編集者は黒衣《くろこ》に徹する」というのが、暗黙のセオリーで……。

池川　あぁ、出しゃばるな、と？（笑）関係ないですよ～。そういうメイキング的な秘話をシェアしてくださることで、読み手側はトクした気分にもなれるし（笑）。

宇咲愛　そうですよ～。

池川　ね！　著者と編集者、ふたつの視点から読みこむことができて……解釈も広がるわけじゃないですか。

おもしろい話があって……さだまさしさんの「案山子《かかし》」という曲、あるじゃないですか？

あるテストに「作者の心境を述べよ」みたいな問題が出たらしくって。で、さださん本人が答えたら「ちがいます」って（笑）ダメだしされたそうで。そのあと、模範解答を見たさださんが「そんなこと考えて作ってない！」って（笑）。もう、笑っちゃいますよね。

レゴラス コントですねぇ（笑）。まぁ、メイキングに関して言うと……本来はそのまま、まるごと伝えたほうがいいと思うのですが。だいたい「画的《えてき》にカッコわるい」とか「世間的にちょっと」って、カットするじゃないですか。

そうすると、リアリティに欠けるというか……おもしろくなくなってしまう。

池川 そのあたりは、むつかしいところですね～。

宇咲愛 大手の出版社さんは、クレームをすごく怖がりますから……「ちょっと過激なので、カットさせてください」とか「表現を変えてください」とか、ありますよね。

池川 ヒカルランドはどうでしょう？（笑）

——まさに、世間の逆をいってます（笑）。わたしたちが「これ、ちょっと過激かなぁ」と削ろうとすると「もったいない！ いけいけドンドンだ、そのままいけ～ッ」って（笑）。

池川 あはははははははは（笑）わっかるぅ～！ 過激なの、お好きだものね。

炎上商法のハシリというか（笑）。

――（笑）著者さんからの赤入れ以外は「原文ママ」がキホンです。

『ママ、さよなら。ありがとう』のこと、タブー視されるテーマについて

池川　『ママ、さよなら。ありがとう』（二見書房）という、死産をテーマにした本を書いたときのことなんですけれど……さいしょ、編集会議でボツになりそうだったんです。

そしたら、アツい志を持った編集者さんがプレゼンをがんばってくださって、出版されることになって。

出してみたら「こんな本！」というアンチもなくはなかったけれど……「ささくれだった心がまろやかになりました」とか「気持ちがラクになりました」とか。「流産したことじたいは悲しいし、忘れられないけれど……子どもが幸せになると聞いて、心が安らぎました」という意見がいっぱい来たんですね。

でも、こういう本は、大手では出せないんだなぁと。

――むつかしいですね……。

池川　クレームがひとつでもきたら、出版社としては失敗なんでしょうね。それでいくと、わたしの本て、クレームがきそうな（笑）内容ばっかりなんですよ。でも……子どもたち自身が〝流産するお母さん〟を選んでいるのは事実だし、「ありがとう」とすら言っているわけで。

それでもやっぱり、はすに構える人は「そんなことあるわけない！」と言うんですよ。わたしが疑問なのは、そうした説を否定して、お母さんたちに罪の意識を抱かせつづけることが……果たして正解か？　ってことなんです。「胎内記憶を否定すること」イコール「そうしたお母さんたちは、幸せになってはいけない！　と言っていること」は、おなじですよ……と。言ってさしあげたいけれど、

そういう人たちって、罪の意識というか……自覚がないんです。

宇咲愛　自分のことしか考えてないんですよ。

池川　そうなんです。アンチからすると、

たとえ「多くの人が救われた」事実があったとしても……認めたくないんだなぁと。

宇咲愛　でも、すごくナーバスなところですよね。

池川　宗教観にも倫理観にもかかわってくるから……たしかに、むつかしいところではあるんです。

宇咲愛　でも、当事者……お母さんとしたら、先生のお話を聞くことによって、救われると思います。わたしはどちらかというと医療側で、中絶の現場を「見ていた」ほうでしたから。「お母さんは苦しいだろうな」と思いましたし……先生がおっしゃるように「子どもは（中絶を）わかった上で宿る」「日帰り遊園地、みたいなイメージ」と聞くと……すごく軽くなるじゃないですか。

そういう説が広がったほうが、救われる人が多くなると思うんです。

池川　「中絶のばあいも、子どもが喜んでいる」と言うと「なに⁉　じゃ、子どもをどんどん殺していいのか！」と、つめ寄る人がいるんです。わたしはひと言もそんなこと言っていないのに……そういうふうに解釈する人も、いるんですよ。

いつだったか、ニューヨークで予定されていた講演会のミーティングで「子どもが親をえらぶ」話をしたんです。そしたら……主催者から「それは納得いきません。じゃあボスニアとか、ああいう状況でレイプされた子どもはどうなるんですか？」と。おまけに「アメリカで胎内記憶を信じているのは少数派」みたいに言われて「じゃあ、行かないほうがいいよね」って（笑）キャンセルしたんですよ。

その翌年、また別の主催者からニューヨークに呼んでもらって……さきほどの話をしたら「えっ⁉ アメリカの人、胎内記憶ぜんぜんOKですよ～」って。一八〇度ちがうんです（笑）。だから「自分の意見はこうです！」だけならいいけれど……思いこみの激しい人って「世間もそう思ってます‼」と言いきっちゃう。

それがマズいというか、こまっちゃうんですよね～。

宇咲愛　宗教観ふくめて、海外の事情って見えづらいですものね。断言されたら「そうなの⁉」って、信じてしまうと思います。

占いぶった斬り!?で大盛況♪ピンクのゾウが空飛ぶとき

宇咲愛　以前、『占いの館』経営陣から「講演会をしてほしい」と頼まれたことがあって。社長さんと専務さん？　みたいな方が「いつもブログ読んでます！」とおっしゃるので「ありがとうございます。でも、わたしは占い全否定ですよ～（笑）」と言ったら「いや、それがおもしろいんです！」って。「そんなこと言ったら、バリバリ斬りますよ!?」と返したら「はい、ぜひぜひ～♪」とおっしゃるので（笑）引き受けることにしたんです。

講演会には、占い師さんがいっぱいいらしてたんですけれど「自分たちも悩むことが多い」とおっしゃられて。たとえば「あっ、このクライアントさんは交通事故に遭うな」という未来が視えたとして「それを伝えていいのか？」「（仮に伝えたとして）自分にはなす術がないし、その先どうすれば……」と、葛藤すると言うんです。

池川　なるほどね。

宇咲愛　それなので、わたしは「宇宙からのメッセージとしては……〝ご自分の未来は、ご自分でクリエイトできる〟ということなのです。みなさん、（生まれるまえに）ご自身でシナリオを描いていらっしゃるけれど……それすらも、変えることが可能なのです。

すなわち〝運命〟というのは〝いまの自分しだいで、いかようにも変えられるもの〟ということを伝えてあげてほしい」と言うと、みなさん「なるほど！」と腹落ちなさるみたいで。ニコニコしてお帰りになるんです。

でも、そうは言っても……やっぱりわたしは「ネガティヴな未来を伝えること」には反対ですけれどね。だって「あなたは三日後に交通事故に遭います！」なんて言われたら、イヤでも記憶しちゃうじゃないですか。

池川　ギョッとしますよね。潜在意識にものこっちゃう。

宇咲愛　そうなんです。不安だけ煽るというか。そのあといくら「クリエイトできる」とフォローしたって、そんなの入ってこないじゃないですか……ショックで。

それだったら、いっそ聞かないほうがいいんじゃないかと。

池川　そうですね。どのみち（事故が）起こってしまうなら……なおさら。

宇咲愛　強烈にインプットされますから。
そのあといくら「イメージを」「暗示を」とかやっても、消せないんですよ。

レゴラス　「ネガティヴなものを否定する」じゃなくて、
「さいしょからポジティヴなものを提示する」が正解ですよね。
たとえば「戦争をなくそう！」じゃなくて「平和にしていこう！」みたいな。

池川　「戦争をなくそう！」だと、
「戦争ありき」になっちゃうから……いつまでたってもなくならない。

宇咲愛　そうです。たとえ、否定していても「戦争」という単語を使うかぎり
「戦争のある世界」に居つづけるんです。それよりも「平和な世界にしましょう」と言ったほうがいい。「平和」という単語が響きますからね。

池川　わかります。

宇咲愛　イメージのチカラって絶大なんですよ。たとえば……ピンクのゾウが空を飛んで
――ませんッ!!　と言ったって、飛んじゃうでしょう?

レゴラス　もうすでに飛んでいる（笑）。

池川　とんでる、とんでる（笑）。

宇咲愛　さっきの話は、それと同じなんです。ネガティヴ予想なんかされたら、イメージしちゃうし残っちゃう。だったら「クライアントさんには言わないほうがいい」と思うんですよ。

池川　メリットなさそうですものね。

でも、そういう「視える」占い師さんて、みんな律儀に伝えてるんでしょうか？

宇咲愛　みんながみんなじゃないんでしょうけど、そういう主義の方もいらっしゃるみたいです。五〜六年前だったか、占い師……というか霊能者さんで、わたしの個人セッションを受けにきた方がいて。その人、朝の六時ぐらいに電話をかけてきて「助けて〜っ！」と叫ぶんですよ。「家にいても、電車に乗ってても幽霊が視える！　もうイヤ！」って。波動の粗いところと共鳴してしまってるんですね。で、ご主人からも「おまえはいつも〝視える〟と言っていてコワい」と煙たがられているそうで「夫婦仲も悪くなってしまった」と。「なんとかして下さい！」とご相談にみえたんですけれど……霊能はわたしの管轄外（笑）ですし、困ったなぁと。

――そこ、いっしょくたに捉えてしまっている方が多いんですよね。占い師さん、霊能者さん、チャネラーさん……と。

池川　それこそ視えない領域のハナシですからね。むつかしいのかなぁ。

宇咲愛　とにかく、霊能のお悩みならば……まずは、ご自身の先生に相談なさるとか。そのほうが早いんじゃないかと思ったんです。どうしてアシュタールを目指してきたのか？　いまだにナゾなんですよ（笑）。

池川　たしかに～。霊能系じゃなくて、宇宙系⁉なのにね。なんだろう、「イスラムを信じてるけど、たまにはキリストの説法も聞きたい」みたいな？（笑）

宇咲愛　そうかもしれません。「宇宙の法則」に則って生きると、俄然ラクなんです。人生もようにどっぷり浸かるんじゃなくて「いま、地球人のシナリオを体験してるんだわ～」って、引きのアングルで見てみる。それだけでも、視野が広がるというか「答えはひとつじゃない」ことに気づけるというか。

レゴラス　どっちに転んでもネタになるし、捨てるとこない！　というね（笑）。

宇咲愛　そうそう。そんな感じなんです。でも、なんとなく霊能とか占いって「答えはひとつ！」みたいな感じじゃないですか。だから、苦しくなってくるのかなと。

――わかります。組織的にもタテワリなことが多いですし。そういえば、ひと昔前のスピリチュアルって「成功のヒケツ」とか……思いっきり三次元でしたよね？

池川　ザ・現世利益（笑）。世相を反映してたんでしょうね。

宇咲愛　ビジネスセミナーも流行ってましたよ。わたしも医療現場にいたとき、ずいぶん受けましたけれど……内容がね（笑）。だいたい「メンターをつくって、その人をめざしましょう！」とか言うんですけど、そんなのなれないじゃないですか？

だって、わたしはわたしだから。

池川　あははは（笑）ごもっとも。なれるんだったら、とっくになってますよね～？

宇咲愛　「人格者になりましょう！」と言われたって、いやいやいや！　みたいな（笑）。

——楽しいですね（笑）。いわゆる「耐えてナンボ」の修行系？　から「楽しくてナンボ」な空気感に変わってきたのも、スピリチュアル界の変化かなぁと。

池川　たしかに～！

——扱われる題材も変わってきてると思います。

むかしは心霊番組で「水子」とか言ってたのが……。

池川　聞かなくなりましたね。

レゴラス　水子のたたり、とか言ってましたよね？

池川　商売でね。お金と直結している言葉なんですよ……水子はたたったりしませんから。

宇咲愛　（たたる、という）感情じたいがありませんからね。

池川　赤ちゃんは天に還って、ハッピーになっているんです。それなのに「現世にのこって、たたる」だなんて……わざわざエネルギーを消耗するようなこと、しないと思います。

宇咲愛　そうですね。

池川　そうそう。商売として、それをお金にかえるわけですよ。まぁ、お坊さんたちも食

赤ちゃんじゃなくて「生きている大人がつくりだした世界観でしょう？」って。

べていかないといけないから……仕方ない面もあるんだけれど。

ようは、営業トークですからね。

宇咲愛　「水子はたたる！」と、お母さんがたの罪悪感を煽っておられるけれど……。

お坊さんのほうが、よっぽど罪深い（笑）。

池川　まぁ、お坊さんにもよりますけどね。真面目にやってらっしゃる方もいるんだけど、もろ現世利益！　みたいな方も（笑）いらっしゃるという。まぁ、儲かれば生活も潤うし、経営とか……いろんな事情があるんでしょうけどね。

でも、来世はしっぺ返しがきそうだなぁ（笑）。

宇咲愛　そう思いますよ。真の宇宙の法則においては「一生をとおしてプラマイゼロにす

る」というか「亡くなるときにはプラマイゼロで清算」されますから、マイナス……罪にあたることを重ねていると、えらい亡くなりかたをするはめになります。

池川　うわぁ……。

宇咲愛　むかし、「♪指きりげんまん、嘘ついたら針一〇〇〇本の～ます」ってあったじゃないですか？

それ、いまは一〇〇〇本じゃなくて一〇〇〇〇本になってるみたいですよ。

池川　インフレだ！（笑）

宇咲愛　そうそう（笑）。そういうの聞くと「ちゃんと生きなきゃ！」って思いますよね。

池川　ですね～。針一〇〇〇〇本は飲めないもん（笑）。

「しあわせになりたいですか？」「ハイッ!!」池川先生、思い出の拉致事件を語る

宇咲愛　わたしはいつも、セミナーや講演会のさいしょに「ラクにしてください」「眠かったら寝てください」とアナウンスしてるんです。

レゴラス　みなさん真面目だから「ちゃんと聞かなくちゃ！」「メモ取らなくちゃ！」みたいに構えてらっしゃるけれど……。

池川　それだと「心」に入らないというか、響いていかない。

宇咲愛　そうなんです。寝オチしてるくらいのほうが（笑）潜在意識に入っていくから、おすすめなんですよ。

――わたしも寝ちゃうほうなので（笑）救われるお話です。でも、みなさんやっぱり「講師が気を悪くされるんじゃないか？」と心配なさってて。

宇咲愛　ぜ～んぜん♪気にすることないですよ～。

レゴラス　愛さんはむしろ喜んでるよね。「リラックスしてはる」って。

宇咲愛　そうそう。わたしはうれしく感じますね。

池川　わたしもわたしも（笑）。ラクに聞いてもらったほうが、こっちも気ラクにできますし。メモに集中すれば（当然ながら）活字的な記録はのこるんだけど……肝心なところが入っていかないというか。その点、ボ～ッと寝てたりすると（笑）気負わないぶん、話し手のエネルギーがスッと入るんです。

宇咲愛　そうそう！　寝ていても、潜在意識は聞いていますから。

池川　ですよね～。みんな「忘れちゃうから」ってメモするんだけど……ホントに必要なことって、然るべきタイミングで思い出せるようになっている？　そうですし。

レゴラス　もし思い出せなかったら、それは（少なくとも）そのとき必要な情報ではない、という。

池川　そうですねぇ。

――そのとおりなんだけど……そういう著者の担当編集は（笑）大変でしょう？

打ちあわせの日程を決めたあとに「ごめ～ん、古い約束が入ってて」って（笑）

リスケしましたよね？

池川　あはははははは（笑）ごめん、それも忘れてる（笑）。

宇咲愛　すばらしい！（笑）

レゴラス　古い約束！　斬新ですね～（笑）。

――社長の「熱海事件」とならぶ（笑）スクープですよ。

池川　えっ、なになに（笑）熱海事件？

――東京の本社で打ちあわせだったのに、すっかり忘れて（笑）べつの取材に行っちゃったんです。熱海まで。

池川　わっかるぅ～（笑）その感じ。めちゃくちゃ身に覚えがありますもん。

　でも、スタッフはいい迷惑だよねぇ（笑）。

――ホントです（笑）。で、その打ちあわせのお相手――関西の霊能者さんでした――がそのまま本社に来てたらアウト、だったんですけれど……どういうわけか、出発まえに電話してこられて。

池川　おぉ！　さっすが霊能者。

宇咲愛　つながっていますね～。

――そのとき社長は、熱海の砂風呂にいたらしいんですけど「新幹線で向かいます」と言われて「先生、どうしよう～！　いま熱海なんですけど（泣）」ってもう、涙目で。

池川　あははははははは（笑）目に浮かぶ～！

――そしたら「じゃ、わたしが熱海で降りますから」と先生がおっしゃられて。そのあと合流して、打ち合わせできたそうなんです。

レゴラス　おぉ、ナイスキャッチ！

――で、その先生から「じつは明朝、はやくからアポが入ってしまって。東京に出ていたら（戻りが）キツかったけど、熱海で助かりました」って。言われたそうなんです。

宇咲愛　すごーい！　やっぱり宇宙の采配ですよ。

池川　終わりよければすべてヨシ、と（笑）。

――社長も「ほらみろ！　宇宙は完ぺきなんだぞ!!」って言いはるので（笑）「そうかもしれませんけど、これ以上ハラハラさせないでください！」って（笑）スタッフみんなで言い含めました。

池川　いやぁ、愛されてますね～！　もう、いろいろ勇気がわいてくるエピソードですよ（笑）。

宇咲愛　ほんとほんと。流れにまかせたほうが、然るべき方向にいくっていう。わかりやすい例だと思います。

池川　で……なんの話してたんだっけ？（笑）そうそう講演会！

みなさん、わたしの講演会で「いい話でした！」と言ってくださるけど……あとになって「何がよかったか」思い出そうとすると「アレ？」となる（笑）。だから、またおなじ話を聞きに来てくださって（笑）。

――リピーターですね（笑）。

池川　はい。まぁ……総じて、ありがたいことですけれど。話の内容は忘れちゃっても、なにかしらのフィーリングというか「なんか、あったかい」みたいな気持ちとか。

そういう感覚って、のこると思うんです。

そういう、リクツじゃない部分を感じてもらうのが大切かな？　と思っています。

宇咲愛　そうそう！　知識なんかより「なんかいい」「なんか好き」っていう。

感覚からのメッセージを尊重してほしいですよね。

先生は「なんか楽しい」エネルギーをお持ちだと思います。

池川　ははは（笑）ありがとうございます。

日々、カラダをはって（笑）ギャグに生きていますから。

――人生イコール体当たりのギャグ、と（笑）。そういえば「しあわせになりたいですか？」と聞かれてクルマで拉致《らち》られた件が衝撃的すぎて……（笑）。

池川 あはははははは（笑）よく覚えてるねぇ（笑）。

レゴラス えっ、拉致られた⁉

池川 いえまぁ……もちろん、まったく知らない人じゃなくて（笑）名古屋で講演会をやって、そのスタッフだった助産師さんから「先生、しあわせになりたいですか？」って聞かれたんですよ。

一同 アヤしい‼

池川 だよねぇ（笑）。でも、思わず「うん！」て言っちゃって。

レゴラス 恐いもの見たさで（笑）。

池川 そうそう（笑）。

そしたら「じゃ、いまから行きましょう‼」とクルマに押しこまれて……。

宇咲愛 えーっ！

池川 いやまぁ、もちろん比喩ですけれど（笑）。

でも、行き先もわかんないまま走りだしちゃったの。

レゴラス　チャレンジャーですなぁ（笑）。

池川　「何しにいくの？」って聞いたら「言われたとおりにしてください」って、ひと言。

宇咲愛　ますます誘拐チック～（笑）。

池川　ほんとほんと（笑）。まぁ、高圧的じゃないにしても、とにかく「説明しちゃいけない決まりなんです」って言われて。

宇咲愛　いよいよアヤしい（笑）。

池川　ここまで来たらもう、のりかかった船ですから（笑）。そしたら、なにか会館みたいなところに連れていかれて、いろいろはじまって……それが求道《きゅうどう》だったと知ったのは、のちのことなんですけれど。

レゴラス　求道？

池川　そう。なんて説明したらいいのかなぁ？　いや、そもそも「説明しちゃダメ」なんですけれど（笑）。

――「チャクラ開き」とも呼ばれていますよね。

道徳会館という団体が主催している「一生に一度」という儀式なんです。

レゴラス　ほ〜、儀式……。

池川　アヤしいでしょう？（笑）まぁ、お辞儀するくらいで、とくべつな動作はなく……ただ眺めてる感じなんですけれど。でも、さすがに値段が気になって（笑）聞いてみたら「五〇〇〇円です」って。「一生涯のご利益なのに、ごせんえん⁉」「それはおトク！」と驚いたんです。それで五〇〇〇円払って受けたんですけど……さいごに説明があって「きょう、見聞きした内容はメモも口外もダメ」と言われたので「そうなのか」と。その日はそれで終わって……というか、もうそれっきり。そもそも、出来ごと自体も忘れちゃって（笑）そのあと、ずいぶん経ってしまったんです。ほら、わたしって忘れるの得意だから。

――知ってます（笑）。

池川　あはははははは（笑）スルドい！　で、しばらくして別の方から「先生、こんなの知ってますか？」と――ようは求道の――お誘いがきて。で、その人から説明を聞くうちに「アレ？　これどっかで……」と。そこで名古屋の一件を思い出したんです。

レゴラス　思い出の拉致事件（笑）。

池川　そうそう（笑）。拉致った人――助産師さんですね――に電話をかけて「いま、これこれこういう説明を受けてるんだけど……これって、あのときの？」と聞いたら「そうです」と。

宇咲愛　受けたらそれっきり、なんですね。

池川　放置プレイもいいとこですよ（笑）。で、せっかくだから「もういちど受けようかなぁ」と言ったら「いいえ、求道は一生に一回です！」と言われてしまって「そこをなんとか（笑）」みたいに言ったら「受けられるのは一回ですが、ご自宅で求道式をひらくことは可能です」と。

レゴラス　出張サービスみたいな感じでしょうか？

池川　そうですね。そのかわり「求道を受ける人を一〇人以上あつめてください」と言われましたが「まぁ、それくらいなら集まるだろう」と。

わたしが「いいな」と思ったのは「求道式をやった場所から、半径五〇〇メートル以内は浄化される」という点なんです。浄化されるってことは、「うちのクリニックでやったら、いい影響があるんじゃないか」って。

――当時はまだ、お産をやってらして。

池川　そうそう。いまはやめちゃって、診察だけなんですけれど。お産って、当然ちゃ当然なんですけれど……まぁ大変で。何かあったとして、大学病院は幹部が責任とってくれるけど、個人クリニックは院長に全責任！　なんです。それゆえ、お産のときも「無事におわりますように」みたいな。ほんと、さいごは神頼みなんですよ。

宇咲愛　すごいプレッシャーですよね。

池川　いやぁ、しんどかったです（笑）。それで、求道式をやることにして。そしたら、そのあとホントにお産がらみのトラブルがなくなって……クリニック前の道路も「事故多発地帯」だったのが、ぐっと減ったんです。

レゴラス　半径五〇〇メートル効果。

池川　いや、まさに！　ちょうど当時、クリニックの隣にコンビニができて。それはいいんですけど、若い子――やんちゃな類いも含まれますが――が駐車場にたむろするようになっちゃって。ペタッと座りこんで喋ったり、ゴミを散らかすもんで「なんとかならないかしらねぇ」と、うちのカミさんがボヤいてたんです。そういうのもあって「半径五〇〇メートルが浄化されるなら、コンビニにも影響あるかも？」と思って……さながら「コンビニ浄化計画」ですよね（笑）。

レゴラス　先生、楽しんでおられますね（笑）。

池川　そうそう。すべてネタですから（笑）。コンビニって、おなじチェーンでも店舗によってぜんぜん雰囲気が違うじゃないですか？　テナントが新築か中古かみたいなのはあるにしても「この差はなんだろう？」って。もちろんオーナーさんとかスタッフさんの個性も一因だけど、わたしは「土地なんじゃないか」と思ったんです。エネルギー的な側面からね。場を浄化してあげれば「いい人がきて、いいお店になるんじゃないか？」って、そう思ったんですよ。ほんとは直接、コンビニでやればいいんだけど（笑）まぁお隣さんだし「半径五〇〇メートルに入るから、うちで代わりにやってあげよう」と（笑）そんなノリで決行しました。

宇咲愛　で、効果のほどは……（笑）

池川　それがねぇ、やっぱりきれいになったんですよ、コンビニが。不思議なんだけど、あんまりゴミも散らかさなくなって。あと、式の翌日だったかな？　このテのことに興味がないはずのカミさんが「きのうはやってもらってよかったね」と言ってきたり。「え〜！」とビックリでした。

レゴラス　心理的な作用もあるのかもしれませんね。

池川　そうですね。でも、それって大事なところですよね。求道――正式には「弥勒参拝求道式」って言うんですけれど――は、受けたあとに大成した人もいっぱいいて。海外でも人気があるんです。もともとは道教に由来していて、まぁ、要約すると「人間の生きかた」というか。「いずれ、世の人々に必要となるときまで……」ということで、むかしは非公開というか、ずっと伏せられていて。一子相伝だったんです。それが、およそ一〇〇年前からオープンになって、いまは誰でも求道できるようになったんです。

――場合によっては一部、受けられないケースもあると聞きましたが。

池川　あっ、そうですね。職業的に、動物を殺生なさっている方……にあたるのかな？お肉というか、お料理関係のご職業になってくるんですけれど。

――食べるだけなら問題ないけれど、扱うのが……という。

池川　そうですね。そのあたりはぜひ、道徳会館に聞いてみてください。でも、逆にいうと……決まりごとって、それくらいのもので。

あとは何もなくてラクだから（笑）わたしにピッタリ！（笑）

――先生的には、求道ってどのような解釈になるのでしょうか？

池川　そうですね……胎内記憶に絡めていうなら、求道イコール「死ぬときに解脱しろ」じゃないかなぁと。道徳会館はそういう言いかたをしないんだけど、求道って「何もない真空、この上ないところに還る。本来、わたしたちがいたところに還る」

ためのツールというか。で、そこからまた転生していく感じなんだけど……。

―― 少なくとも、亡くなったあとは無事に成仏できると。

池川 そうそう。そこもポイントで（笑）。

とにかく「これは、みんなにおススメしたほうが良いんじゃないか」と思ったんです。「龍天表」という紙に、お生まれになったときの名前――ご結婚されている方は旧姓ですね――を書いて、それを燃やして、向こうの世界へと掲げるんです。そうすると、わたしたちが死んだときに「その名前と（本人が）一致してるか？」チェックして「こっちに来てよし」「来ちゃダメ」みたいに。あちらの世界でふり分けるそうなんです。

一同 へ～！

池川 あれ、ヒカルランドでもやりましたよね？　求道式。

―― はい。スタッフのなかから希望者を募って。式の過程を見ているのが楽しかったです。でも、そんな詳しい内容までは知らなくて（笑）。

池川 ははは（笑）まぁ、そうだよね。またまた「池川教」とか言われちゃいそうだなぁ（笑）。ややこしいけど、求道は宗教じゃないんですよ。

―― そうですね。うちの社長もスタッフも無宗教ですし。

池川　わたしもわたしも（笑）。死んだあと「地獄コース」とか「天国コース」とか……行きさきがいろいろあるなかに「弥勒コース」というのがあって。

求道を受けると、とりあえず……そこに行けることは確かなんですって。

レゴラス　指定席、的な？

池川　そうそう（笑）新幹線といっしょで「使うか使わないかは自由だけど、とりあえず席は確保しといたよ」みたいな。

そんなわけでもう、うちのクリニックでは何回も求道式をやっています。

宇咲愛　一生に一回なのに？（笑）

池川　あ、自分が受けるのはね（笑）。

でも、求道式は何回でもできるんです。一〇人以上あつまれば。

毎回、ご縁というか不思議なドラマもあって……もう何年も会っていないお友だちに、うちの式で再会したりとか。あと、行きの電車で子ども連れのお母さんに席をゆずったら、その人たちも式の参加者だったりとか（笑）おもしろいんですよね〜。

それでクセになっちゃって（笑）何回もやってます。

――先生らしいです（笑）。

池川　というのはまぁ、冗談だけど（笑）ほんと、求道式をやってからというもの、トラブルはほとんどなくなったんです。それ以前は、お産のときに患者さんが危険な状態になったりとか……なくはなかったんでよ。

それがね、ピタッとなくなったので「やっぱり不思議だなぁ」と。

一同　そうですね～！

池川　とまぁ、アヤしい医者の、ますますアヤしいお話でした！（笑）

めざせ吉本新喜劇！
アヤしさグランプリなら即、優勝!?

宇咲愛　産婦人科病棟って、人間ドラマがすごいですよね？

池川　はい！　もう、まさしく「事実は小説よりも奇なり」そのまんま（笑）。

宇咲愛　ネタには困りませんよね（笑）。

池川　ほんとほんと。いろ～んな人がいて『コウノドリ』※顔負けですよ。

――お医者さんもスタッフさんも個性的という……？

池川　え～と、スタッフはいちおう（笑）まともかな？　わたしがこの通りだから（笑）。

――先生の暴走を止める、的な（笑）。

池川　あはははははは（笑）そうかも！　診察でしゃべりすぎてると「先生、つぎ！」って巻きが入りますから（笑）タイムキーパーさながらですよ。でも、さいしょは唖然とす

（※鈴ノ木ユウによる産婦人科を舞台にしたマンガ。講談社、モーニングKC）

るんですって。「この先生、大丈夫？」って（笑）。それが、患者さんとのやり取りを聞くうちに「あ、なるほどな」って。だんだん変わってくらしいんです。

レゴラス　意外と共感できるな、と。

池川　そうですね。「ヘンな話してるな～」と思いつつ、慣れちゃって（笑）いったん辞めても、産休明けにまた復帰してくれたり。「実はいいこと言ってましたよね？　先生」とか（笑）しみじみ言うから、可笑しくなっちゃって。

わたしに洗脳されちゃうんでしょうね（笑）。

――池川教（笑）。

池川　あはははは（笑）そうそう！　こんなこと言ってるとまた、2ちゃんねるでネタにされちゃうんだけど（笑）。そういえば……うちの患者さんだった方と、アメリカで再会したことがあって。「あのとき、先生がこんなトークを……」とお話しになるので聞いてたら、思いっきし（笑）アヤしいクリニックだったんですよ！

レゴラス　自分で言っちゃう（笑）。

池川　いや～、なかなかでしたよ（笑）われながら。

「さすがにヤバくない？」って、冷や汗ものでした（笑）。

宇咲愛　まぁ、聞き手が「どんな捉えかたをするのか？」にもよりますよね。たとえば、恐怖を感じやすい方なら、より「ヤバい話」にうつるという。

池川　ははは（笑）フォローありがとうございます。

――でも、そのヤバい話で（笑）患者さんの緊張がほぐれるとこ、あるんじゃないでしょうか。ふつうはお医者さんに「ヘタなこと言うと叱られる！」みたいな雰囲気じゃないですか。

池川　取材とかもそうでしょう？（笑）こう、アンタッチャブルなゾーンがあって……。

――「ここを押したらアウト」みたいな地雷原は……（笑）まぁ、お医者さまに限ったお話ではありませんけれど。だいたいどんな方でも、お持ちでらっしゃいますね。

それがない（笑）池川先生は、例外ですよ～。

池川　地雷のないオトコ！（笑）

レゴラス　踏み放題！（笑）

池川　たしかに、みんな地雷がありますもんね～。度合いもまちまちだし（笑）厄介だよねぇ。こう、見るからにおカタい！　って人なら構えるけれど……パッと見おおらかそうな人が「そこ⁉」みたいなスイッチだったりするから（笑）油断できない。

――患者さんが油断できる（笑）池川先生は貴重です！

宇咲愛　わたしもいろんなドクターにお会いして、診察介助しましたけれど……。先生のような方は、めずらしいと思います。

池川　そうですか？（笑）わたしは、ごくふつうのお医者さんのつもりで……。

一同　いえいえいえいえ！（笑）

池川　あはははははは（笑）全否定されちゃった！

こないだ「とある医師が……」と話してる人がいて、その内容が超～ヤバいの！

思わず「ヘンな医者」と言ったら「先生のことですよ」って（笑）。

レゴラス　もはや新喜劇のネタですよ（笑）。

池川　あはははは（笑）そろそろ吉本興業さんからスカウトされちゃうかなぁ？

――「なんばグランド花月」デビューも近そうですね（笑）。応援しています！

ぶっ飛び！ 武勇伝の池川パパと絶体絶命！ からの愛さんリターンズ

池川 うちの親もだいぶ変わっていました。父の同級生から「オヤジさんは教授回診に下駄はいてって（！）オコられたんだよ、前代未聞だよ」って聞かされたり。

――むかしは「下駄禁止」の学校もあったくらいですからね。

池川 そうそう、「音がうるさい！」って（笑）。で、父は一年浪人して――翌年に東大を受けるんですけれど――そのあいだに代用教員をやっていて。でも、これがまた自由奔放で（笑）「よし！ きょうは晴れたから遊びにいこう！」って、外に連れだすような先生だったらしくて。

宇咲愛 いいじゃないですか！ 最高ですよ～。

池川 いま思うとね（笑）。なので、一年しか教えてないのに「楽しかったです」って、そのときの生徒さんから、ずいぶん後々まで……お手紙が来ていたんですって。
それを聞いて「あ、わたしと似ているかも」と思いました。

レゴラス　おぉ、ＤＮＡですね～。

池川　脈々とね（笑）受け継がれているみたいです。で、父に「なんで東大を受けたの？」って聞いたら「偏差値がいちばん高いし、肝試しにピッタリだったから」って。
もう、意味不明（笑）。

――肝試し！　もはやアトラクション感覚ですね（笑）。

池川　真剣に受験してる人にオコられそうだよねぇ（笑）。でも、当初「うちはお金がないから」って、父は進学しないつもりだったらしいんです。それが「こんなに優秀なのにもったいない、受けるだけでも」って説得されて……受験することにしたんですって。でも、宿泊するお金がなくて、夜行列車で上京して、入試が終わってらまたトンボ帰りして。
会場では「(答案を）よく見直せ」と言われたらしいんですけど「大丈夫です」って（笑）いちばん先に提出して、サッサと帰ってしまったと……でも、後日「おまえが最高得点だったらしいぞ」って。教授の息子から聞かされたそうです。

レゴラス　おぉ～！

池川　で、父が受験できたのは……軍隊の援助あってのことなんです。「受験料も授業料もぜんぶ持つから、そのかわり卒業したら入隊しろ」と。奨学金ももらっていたと思います。それで卒業後は「航空医学をやりたい」と志願して、陸軍の航空隊に配属されて。「赤トンボから重爆から、飛行機はぜんぶのった」と言ってました。霞ヶ浦の航空隊では「飛行機で、隣町に買いものしに行った」って（笑）。

レゴラス　ほんまですか？（笑）

池川　まぁ、父ならやりかねない（笑）。でも、仲間がつぎつぎ戦死するなかで……生きのこって、帰ってきましたからね。運は強かったんだと思います。体も丈夫でしたし。

子どもとして、わたしがこの父を選んできたと思うとナットク！　みたいな（笑）。

――〝ぶっとびドクター〟を、世に送り出すための計画が着々と……（笑）。

池川　そうかもしれません（笑）。わたしが養子に出たさきの父――養父ですね――は法律家だったんですけれど、それこそ「養子法」が専門で。「子どもにウソをついてはいけない」ということで、小さいころから「おまえは養子として育てているんだよ」と言われて育ちました。なので……実の両親と、育ての両親とがいるんです。

わたしにとっては、それがふつうでしたし……子どものころから隠さず「養子」と伝えていれば、大丈夫なんじゃないかと。わたしは思いますけれどね。ヘンに隠したり「かわいそう」と先入観をもつこと自体が、子どもをかわいそうにしてしまう。べつに悪いことしてるわけじゃなし、それ以上でもそれ以下でもなく。

養子は「ふつうなこと」というスタンスでれば、ぜんぜん平気だと思います。

——なるほど。それでたしか、先生は途中で実の親御さんのもとに……。

池川　そうそう、もどったんですよ。小学二年生のときにね。当時のわたしは、ひねくれ者だったらしくて（笑）手を焼いた担任が「女の腐ったやつ！」と罵ったそうなんです。それを聞いた養母が「ひどい！　そんな言いかたないでしょう。もうこんな学校には行かせられません」と激怒して、実父のところに引きとられたんです。東京の養子先から、横浜の実家にもどるカタチでね。

そしたら……いままでできなかった勉強が、できるようになっちゃった（笑）。なんでかっていうと（当時）東京と地方では、そのくらいに学力格差があったんです。いっしょに戻ってきた姉も、編入先で「大丈夫？　ついていける？」なんて心配されたそうなんですが——進学校だったので——テストを受けてみたら「スラスラ解けたよ」って。すでに習っていたところばかり出たんだそうです。

「女の腐ったやつ」と言われたわたしも、横浜にきたら「できるやつ」になっちゃった（笑）。

――貴重な原体験の数々ですね。

池川　まぁ、ネタには事欠かないですよ（笑）。

宇咲愛　身をもって体験したことって、説得力が違いますからね。

――以前お伺いした、愛さんのエピソードも忘れられないです。「裸足で逃げだした」っていう……。

池川　えっ⁉

宇咲愛　さいしょの結婚で、妊娠していたときに……お姑さんからこう、髪の毛をつかまれて。引きずりまわされたんですよ。

池川　えぇーっ。

宇咲愛　当初から、わたしに対する当たりはキツくて。いま思うと、前の主人はひとりっ子で、まだ若かったですし……お姑さんとしては「取られた！」みたいな気持ちだったんでしょうね。

池川　いやいや、それにしても。度がすぎますよ。

宇咲愛　半狂乱ですよね。もう「おまえの夢を見てどうの」とか「赤不動が、青不動が」とか、言ってることもおかしくて。
しまいには「おなかの子どもなんかどうでもいい、死んでしまえ！」とまで叫びだして。

池川　うわぁ……わるいものに憑依されていたのかな。

宇咲愛　そうかもしれません。とにかく「このままじゃわたし、ホントに死んじゃう！」と思って。わたしが逃げないように（！）前の主人とお養父さんが仁王立ちして通せんぼしている股の間をくぐって逃げだして。
必死でしたから……クツもなにも、もう裸足ですよ。

池川　壮絶ですね。

宇咲愛　でも、考えようによっては、とことん！　追いつめてくれたからこそ、「離婚しよう」と決断できたわけで。

池川　中途半端だったら、そうはならなかったかもしれませんよね。

宇咲愛　はい。ズルズル引きのばして、ガマンしていたかもしれません。

池川　そう考えると、人生の良し悪しってわからないし、そのとき「つらい！　キツい！」と思うことでも、ちゃんと今につながってるというか。

パズルみたいで「よくできてるなぁ」と思います。

「アバウトなわたしにピッタリ♪」愛すべき母校の超！テキトーすぎるエピソード

池川　将来を決めるにあたって、わたしのばあいは「法律家」「医者」と、二つの選択肢があったんです。家業的にね。で、医学部にすすむんだけど……そのあとだって、たとえば別の大学に編入したりとか。いろいろ道は選べたはずなんです。でも、けっきょく帝京にのこって今につながってるわけで。

だから、ふり返ってみると「やっぱりぜんぶ意味があったんだろうなぁ」と。

アバウトな医者にアバウトな大学で（笑）もう相性バツグン！超テキトーだったし（笑）。

レゴラス　先生、おもしろすぎます（笑）。

池川　いやぁ、事実ですからね（笑）。わたしはあまり出来がよろしくなかったんですけ

れど……友だちにノートを借りたりして、どうにか卒業することができて。
一二〇人入学して、ストレートで卒業できたのが三〇人だったんです。
ここだけの話、ビリだったけど（笑）いちおう、その三〇人に入りましたからね。

――いえいえ、すごいです！

池川　国家試験を解いて提出すると、大学が「受かった」「落ちた」と採点してくれるんです。そこでわたしは「落ちた」判定で……。
さながら「おまえはもう、すでに死んでいる‼」状態ですよ（笑）。

――北斗の拳！

池川　そう！　よくご存じで（笑）。

レゴラス　平成生まれは知らないかも（笑）。

池川　ははは（笑）めちゃくちゃ昭和ですもんね。で、「落ちたかぁ」「浪人かぁ」とショックでしたけど……そのあとすぐ、家族旅行が控えていて。「よーし、気分転換だ！」とハリキッって、カナダまで出かけたんです。楽しかったけど、帰国が合格発表の翌日で……かえりの飛行機なんかもう、テンションガタ落ちなの（笑）。「どうせ落ちてるし」って。そんな感じで、成田のロビーをトボトボ歩いていたら「おーい！」って。厚生省まで合格発表を見にいった友だちが迎えにきてたんです。で、彼がこっちに向かってVサインするから「えっ？　あ……受かった‼」って。その瞬間、もう天国ですよ（笑）。

宇咲愛　逆転しましたね。

池川　そうなんです、なんか知らないけど（笑）受かっちゃった。人間て単純ですね。ちょっとしたことで暗くもなるし、しあわせにもなる。

本当に気のもちようなんだって、実感しました。

宇咲愛　はい。いい意味での思いこみは大事だと思います。

池川　ホントですね。それで思い出したんですけど、卒業して三年ぐらいしたころかな？　学会で大阪にいったんですよ。そのときにホテルで足の裏を見たら、ホクロというか……トゲみたいなものができていて。「うわ、悪性黒色腫かも」と思ったら、もう生きた心地がしなくて。すぐに皮膚科の教授のところに行ったら「よしよし、針でほじくろう」と言うので「えっ！　もっと悪化しちゃうよ～」と泣きそうだったけど（笑）ピーッとやられちゃって「ほら、ただの血豆だから」って。その瞬間、またまた天国（笑）ですよ。

――わかります。

わたしも同じような感じで、お医者さんに苦笑されたことがあります（笑）。

池川　いまはネット検索とか、いろんな情報に振りまわされるケースも多いのかもね。とにかく、そのときに「患者さんというのは、思いひとつで病気にもなるし、元気にもなる。医者のひと言は重大なんだな」と。ありありと実感できたからこそ「気持ちを、どう持たせてあげるか？」って、いまだに……いちばんの核だと思っています。

あのときは、本当に死ぬかと思いました。いまだったら「死んだらラッキー♪」くらいのノリだけど（笑）当時はまだ、真面目でしたから。「この若さで死んじゃいけない！」と思ってね。

――まだ真面目だった（笑）若かりしころの先生って……。

池川　医学部時代にさかのぼりますかねぇ。母校の帝京大って、ちょっと変わった学校だったんですよ。ふつうは「エラい教授の言うことは絶対！」みたいなピラミッド式なのに、そのエラい教授が何人もいて（笑）。

レゴラス　ピラミッドになりませんね（笑）。

池川　そうなんですよ（笑）。しかも、み～んな意見が違ってて「オレが一番だ！」って主張するから（笑）学生としては混乱するわけです。

レゴラス　カオス（笑）。

池川　ほんとほんと（笑）。何が正しいのかわからないし。でも……個人的には、そういう校風でよかったというか、合っていたなぁと。キチンとした大学だったら、キチンとした医者になって（笑）いまごろ定年を迎えて「老後どうしよう～」とか言ってたんじゃないかなぁと。

――想像できませんね（笑）。

池川　あはははは（笑）やっぱり～？　そうだよねぇ（笑）。

――帝京といえば、スポーツでも有名ですよね。

高校時代の森本稀哲《ひちょり》選手（プロ野球）をお見かけしたこともあります。

池川　そうそう、よくご存じで。帝京高校は野球とサッカーで日本一になっていますからね。大学病院の下が崖になっていて……そこの、せま～いグランドで練習していたんですよ。

――いまでこそ、各地に練習場がありますけれど……。

池川　そう、当時はね。それでも強かったから、すごいんだけど。で、あるとき病院の屋上――五階建てなんですけれど――から、グラウンドにボールを落としちゃって。練習していた野球部員に「お～い！」と叫んだんです。そしたら、ポーンとボールを投げかえしてくれて……それが、屋上まで届くんです！　きっちり正確に!!　「さすが日本一！」と圧倒されましたよ。かる～く投げてるんだけど、コントロール力がハンパなくて。

――最近だと、ホストのローランドさんの母校としても有名ですよね。彼もサッカー特待で入って、授業というと「アルファベットの〝e〟って右と左、どっち向いてましたっけ？」って聞くようなヤツばっかりでしたと（笑）おっしゃられていました。

池川　あはははははは（笑）最高だな、それ！

いやまぁ、彼らは命がけで試合していますからね。そのへんは仕方ないのかなぁと。

そういえば、昔はキャンパスも汚かったのに、見ちがえるようにキレイになっちゃって。校内のつくりも迷路みたいにゴチャッとしてたのが、いつのまにか整備されて……いいことなんだけど、個人的には昔のほうが好きだったなぁと。

カオスな感じに、愛着を感じていたんですよ（笑）。

――オフィシャルサイトを見て、わたしもビックリしました。

むかしの面影はいずこ!?　というくらい、イメージが変わっていますね。

池川　そうでしょう～？　入学した初日に「帝京高校と朝鮮学校の乱闘がありました！」

と、ニュースで言ってて「えらいとこに来ちゃったな」と思ったけど（笑）
いまは平和ですもんね。
――両校は隣あってますからね。わたしの地元は帝京病院に近いんですけど、
当時の評判は……（笑）。
池川　ヤブ、でしょう？（笑）それが開業すると「ウデがいい」って流行るんですよ。
不思議ですねぇ。
――あ！　あ！　たしかに。やっぱり地元で人気の眼科があるんですけど、
「帝京にいた先生なんだよ」と聞いて、ビックリしました。
レゴラス　きっと、人間力が違うんでしょうね。
池川　そうかもしれません。「勉強はキライだけど音楽は好き」とか、趣味をもってる人
も多くて……おもしろいんですよね。幅があるというか、いろんなキャラクターの人たち
が集まっていた。でも、最近は大学の偏差値も上がってるみたいで「ホントかい？」って
（笑）母校ながらに思います。
――あらゆるところで改革が。
池川　悪評は、わたしたちの世代であって（笑）

いまは……けっこう良くなっているのかもね。

宇咲愛　わたしたち現場にいた人間からすると、

「大学病院はやめておきなさい」という感じですけれど……。

池川　まぁ、そうですよね。でも、大学病院が好きな人がいるんですよ（笑）。

ブランドというかね。なので、

「研修医がたくさんいますけれど、それでもよろしければ」という感じでしょうか？

いよいよクライマックス！ 医療現場AtoZと個性派すぎるドクターたち

宇咲愛　※Star Venusにいらっしゃるクライアントさんに「女医さん&病院の理事」をなさっている方がいて。わたしが元ナースということもあって、現場のご相談も多いのですが……「愛さん、大学病院に入っていた患者さんて、そこにいるときはおとなしいのに……うちみたいな小さなところに転院したとたん、わがまま放題になって。どうしたらいいのでしょう？」と、おっしゃられていました。

池川　わかるぅ～！　ようは、ブランド志向なんですよ。

宇咲愛　そうですよね。そういう意味では、わたしはごくふつうの……私立の医療法人ばかりでしたから、患者さんに鍛えられたと思います。

で、介護業界って……赤十字とかを定年退職したナースがおおいですよね？

※宇咲愛さんのオフィス&サロン。

池川　そうそう、天下りでね。肩書はりっぱだけど……実務はぜんぜんダメで（笑）。

宇咲愛　ホントですよ（笑）。で、そういう方がまた、「婦長さぁ～ん、患者の○○さんがいじめる～（泣）」とか、泣きついてきて。寝たきりの患者さんって「この人は信頼できるのか？」と、たしかめるじゃないですか。わたしが入ったときも「あんた、いつも安物の服ばっか着て。ダッサいねぇ～！」と吹っかけられて。でも、「そうなんです。わたし、ダッサいんです～♪」ってコミュニケーションしていたら、ちゃんと信頼関係ができてきて。

大事なときは呼んでくれるようになりました。スタッフの流れも、よく見ていますよね。「最近、主任がしんどそうだから、声かけてあげてよ」とか。

あ、「主任」じゃなくて「カラス」ってアダ名よばわりでしたけれど（笑）。

でも、そういう臨機応変さでいうと……赤十字上がりのナースさんはダメなんです。赤十字に入院する患者さんは、「赤十字」という看板で権威なのでしょうね。赤十字病院では、大人しくするんです。でも、医療法人だとバカにされやすいのか……自分の権利を主張してくる人が多くて。だから、医療法人あがりのナースはメンタルきたえられてますよ（笑）。

池川　成績は優秀なんだけどね。でも、そういう人たちが日本の医療行政をつくっているから、現場のことを知らない医療行政になってしまう……こわいですよ。

――「育児してない医者が、育児書を書いてる‼」と、先生はおっしゃられてましたよね。「そんなの書いてるヒマがあったら、育児しろよ」とも（笑）。

池川　そうなんですよ。あんなの机上の空論もいいとこなのに（笑）みんなマジメに信じちゃう。育児書って、たいてい男の教授がつくってて。そりゃ、医大の教授だから……病気になった子どもは、たくさんみていますよ？　でも、その一瞬だけ。世のお母さんたちみたいに「朝から晩まで子どもといっしょ」って生活をしていたら忙しすぎて……とてもじゃないけど、教授にはなれないし。よくよく考えたら「この著者、育児してないよね？」とわかるのに（笑）教授ってだけで、みんなその人の話を信じちゃう。ヤバイよね？（笑）三～五人くらい育てたお母さんの話のほうが、よっぽど役に立つのに。「ミルクはどうやってつくるの？」「テキトーにシャカシャカ振ればＯＫ」とか……この感覚のほうが、ある意味ぜったい正しい（笑）。それを「きちんと消毒して、はかって」とか……ナンセンスだし、ストレスのもとですよ。ミルクなんて、目分量でいいんです。

宇咲愛　なんでもそうですけれど、現場ってマニュアルどおりにいきませんからね。

産婦人科病棟にいたとき、特別室に小児科の女医さんが入院されてきて。わたしが赤ちゃんを連れていくと「え～！　わたし、抱っこできなぁ～い」とか言うんですよ（笑）。

――小児科医なのに⁉

宇咲愛　ウソみたいですけれど、実話なんです。「じゃ、練習しましょう！」と赤ちゃんを渡そうとしても「いやっ、こわ～い！　ムリ～ッ‼」って（笑）。いいとこのお嬢さまでしたからねぇ。「ほんとにこの人、どうするんだろう？」って思いました。

池川　もはやギャグというか、笑うしかないよね（笑）。

でも、医療現場ではよくある話だったりするんです。

――かかるほうとしては、末恐ろしい（笑）。

池川　まぁ、そうだよね……（笑）。

宇咲愛　外科病棟でも、おかしなエピソードがあって。夜中に「静《じょう》脈《みゃく》瘤《りゅう》破裂《はれつ》」の患者さんが出て、ＳＢチューブ（止血用の管）を用意していたら……当直だった内科の先生がオロオロして「僕、こんなのやったことなぁ～い。どうしよ～う？」とか（笑）突っ立ってるんですよ。もう、あきれてしまって「先生は帰ってください」って。

仕方がないから、外科の先生に電話して来てもらいました。

池川　いる、いる～！　そういう医者（笑）。むかし、他院で当直医のバイトをやっていた時期がありまして。まだ産婦人科医のキャリアが浅かったこともあって……外科や内科にまわされることが多くて。

あるとき、盲腸の患者さんが来たんですけれど、対処に不明なところがあって「母校に電話してみよう」となったんです。そうしたら、先輩の外科医が出て……でも、めちゃくちゃ塩対応で（笑）実になるアドバイスなんて、ひとつもくれなかった。「もう、こいつのことは信じるもんか！」って思いましたよ（笑）。

宇咲愛　わかります～！

ツッコミどころしかない方（笑）けっこういらっしゃいましたよね？

池川　それはもう（笑）。

あと、逆に「医者として、こういう要素って大切！」と思ったエピソードもあって。

レゴラス　おぉ！　聞いてみたいです～。

池川　経験値もついてきて、ようやく産婦人科でバイトできるようになったころ……急患が出たんです。それで女子医大に搬送したら、かっぷくのいい女医さんが出てきて。

ずいぶんとエラそうにしているから（笑）

「感じはよくないけれど、この人がトップ⁉」とモヤッとしながら見てたんです。そしたら……あとから、上司らしき男性が登場したとたん！

彼女が「はは～っ！」とかしずきはじめて「あ、本命はこっちか‼」って（笑）。その上司――かなりの名医でした――が出てきたときにはもう、リクツぬきに安心できるというか。同業のわたしから見ても「名医って、こういうことか……」と、しみじみするような感じで。

もう、オーラからして、エラぶってた女医さんにはなかった（笑）威厳があるというか。とにかく、そういうオーラとか安心感とか……総じて、自信に満ちた態度というのは「患者さんのまえでは、大切なんだな」って。身をもって認識しましたね。

宇咲愛　すごくわかります。お産してすぐの赤ちゃんのアプガースコア（健康状態の指数）がすごく悪くて、その場で挿管しないといけなかったのですが……産科の先生がすごく落ちついて「はーい、つぎこれ出して～」とか指示してくれると、こっちも落ちついて対応できるんです。

池川　そうですよね、先生があわてちゃうとダメ。「はやくしろ！」と怒鳴ったところで、はやくはならないし……口は動いても、手は動かない、みたいな（笑）。

宇咲愛　そのとおり（笑）。

池川　でも、むつかしいなと思ったのは……ある病院でバイトしたさい、かなり状態の悪い赤ちゃんが来て。すぐに部長先生に連絡したんだけど、いっこうに来てくれなくて……けっきょく、赤ちゃんは亡くなってしまったんです。

で、ずいぶん経ってから部長があらわれて。

あとで聞いたら「いやぁ、キミの口調が落ち着いていて……そんなに深刻だと思わなかったんだよ」って。以来、「緊急のときには多少、あわてて言ったほうがいいのかな？」と思うようになりました。まぁ、その一件にかんしては……部長が急いできたとしても、亡くなってしまっていた可能性が高かったのですが。

とにかく現場では、いろいろと苦い経験もしてきました。

宇咲愛　はい、とてもよくわかります。

――なるほど……聞きながら、圧倒されてしまいました。命をあずかる医療現場において、従事されている方々に対して、あらためて「すごいなぁ」と。感謝というかリスペクトというか、そうした気持ちでいっぱいになりました。

まだまだお話を伺いたいところなのですが、残念ながら……お時間が来てしまいまして。

池川　えっ、もう？（笑）

宇咲愛　あっという間でしたね。

レゴラス　すごく早く感じました。

——はい！　たった数時間のうちに、こんなにたくさんの内容を伺うことができて、たいへん光栄に思っています。先生方、ほんとうにありがとうございます。

池川　いえいえ、こちらこそ……みなさん、ありがとうございました。

宇咲愛　池川先生も。お疲れさまでした。本日はありがとうございます。

レゴラス　ありがとうございました。楽しかったです。

（了）

さいごまで読んでくださって、ありがとうございました！

おまけマンガ☆
「愛さんとヒカルランド」

編集後記

この本の収録が行われたのは、コロナ禍まえ——二〇一九年の夏にさかのぼります。

それからしばらく……およそ二年のブランクをへて、本書は無事・日の目を見るはこびとなりました。

終始あたたかく見守って下さった著者の先生方、ならびに厳しくも愛ある！　ご指導でサポートして下さったヒカルランドの石井社長には、いつもながら……感謝の気持ちを拭えません。本当にありがとうございます。ここまで漕ぎつけられた奇跡と、たくさんの方々のご尽力に——あらためて、頭のさがる思いでおります。

さて、本書でタッグを組んでくださった池川先生、宇咲愛さん、レゴラス晃彦さん（愛さんいわく「先生は、くすぐったい」とのことなので☆）御三方は——もともと個別に担当させていただいており、よもやま話もアレコレ伺っておりましたゆえ「こんな仕上がりかな？」とプラン立てした上、インタビューにのぞんだのでした。

が——いざはじまってみると、そんな予想をはるかに超える（笑）ディープなテーマの数々で……さすがは医療＆介護畑！　と唸ってしまうネタばかり。和気あいあいとスタートした収録も、気がつけば「生きる」「死ぬ」なるトピックへ突入し、佳境へと——大いにヒートアップしていったのです。

あまりのハジケっぷりに、手ごたえを感じるいっぽう「これほどの内容を、はたして編集することができるだろうか?」と……暗雲たる気持ちをも覚えたのは、否めません。

プレッシャーのあまり、原稿を前にしても手が止まってしまい——ボーッとパソコンを眺める日々が、しばらくつづきました。

時に、こたえを求めて——霊山で名高い、三峯神社や大山阿夫利神社（奥宮）へのぼってみたり、サービス業や催事スタッフなど、べつのシゴトをやってみたり……あてもなくさまよっていた、ある日のことです。

「あなたね、仕事っていうのは、天から許されたものにしか就けないのよ。理由はどうあれ、その職を手にしてるってことは——神さまが許可したってことなのよ」

ある人にそう言われて、ガーン！　と脳天をつくような衝撃にみまわれたのです。これまで「わたしは編集を名のって良いのだろうか?」と……まったくもって、自信をもてずにいましたが「許されたシゴト」なるキーワードに——ならば、という気持ちが湧きあがってきたのでした。

そこから一歩一歩、わたしはペースをとり戻してゆき……おかげさまで、この本のリリースまでたどり着くことができました。これもひとえに、先生方や社長——それに、待っていて下さった読者のみなさまのおかげに他なりません。

本当にありがとうございます。

文中では、母との険悪なエピソードをも？披露しておりますが——彼女には、感謝と尊敬の念をも抱いていることを記しておきます。

自由すぎる父（ふらっと渡米したきり三十年、いまだ行方不明のままであります……笑）と結婚したばかりに、貯金ゼロからのシングルマザー生活を強いられた母にとって、当時のアレコレ（ヒステリーやパニック症状など）は、よもや仕方のないことだったのでしょう。

それでも時おり——幼いころに受けた傷がうずいては、やるせない気持ちに陥ることもあります。ゆえに、

「親をゆるせない」

「親をえらんで生まれるはずなんか、ない！」

とおっしゃる方々の気持ちも、痛いほどわかります。

でも、だからこそ——手ばなしがたい感情だからこそ、そこに大きな学びがあるのかもしれない——そんな風にしみじみ思う、最近のわたしがいるのです。

いつだったか、目黒不動をたずねたさいに「母をゆるせますように」と……大日如来さまに手をあわせたことがあります。すると、どこからともなく「あい、わかった」と聞こえて「えっ⁉」とビックリしたものですが——翌日、ちょっとした母のミスに「も〜！」と楯ついてしまった瞬間「あっ、これは仏さまからのテスト⁉」とひらめき、同時に——ニッコリされる如来さまが浮かんで「あぁ、まだまだだなぁ」と苦笑してしまったこともあります。

身内ゆえ、血縁ゆえ、学びの深さゆえ。
誰かを「ゆるす」というのは……時として、容易にはこばないこと？　なのかもしれません。

それでも日々、この世界で――さまざまな経験をとおして喜怒哀楽、すべての感情をあますところなく享受できるのは、地球にうまれた特権であり――両親とご先祖さまのおかげであることを、実感せずにはおれません。

長くなってしまいましたが、この本にたずさわってくださった方々……ひいては、わたしをとり巻くすべての事象への感謝をもって、あとがきに代えさせていただけましたらと思います。
本当に、ありがとうございました！

二〇二一年十月　編集担当・ヤエワークス

高野山にて

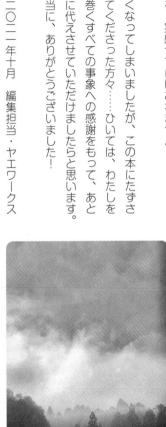

池川 明

池川 明（いけがわ あきら）
1954年、東京都生まれ。
帝京大学医学部卒・同大大学院修了。医学博士。
上尾中央総合病院産婦人科部長を経て89年・
神奈川県横浜市に「池川クリニック」を開設。
日本における「出生前・周産期心理学協会
(APPPAH、The Association for Pre-&
Perinatal Psychology and Health)」
アドバイザー。
胎内記憶の第一人者であり、
映画『かみさまとのやくそく』でも知られている。

宇咲 愛＆レゴラス晃彦

宇咲 愛（うさき あい）
外科・救急外来・産婦人科病棟・内科などで
看護師の経験を積んだ後、
十数年にわたり看護部長、
施設長など管理職を務める。
介護予防や自立支援にも積極的に取り組み、
その先進の活動は、新聞やテレビ、
医療専門誌でも取り上げられ話題となる。
2012年『魔法の学校™』を開校。
それぞれのライフスタイルに応じた
幸せ・豊かさを感じる感性を磨くための、
宇宙の法則を伝えて「魂の自立」を推進。
参加者の隠れた能力を引き出す
イベントや活動を行っている。

レゴラス晃彦（れごらす あきひこ）
化学薬品メーカーに19年間所属し、
製品開発を経て、営業、生産管理、品質保証などに携わる。
その後、医療介護業界へ転身し、事務長や医療法人の人材開発部長を務め、
新卒採用や人材教育、管理職教育などを経験。

kira

Love and Peace

今！この瞬間に感謝します。
宇咲愛。

あらがって流されて
素敵ないまを。
Legolas

著者の先生方より、直筆のメッセージ☆

ぶっとびDr.×元看護部長メッセンジャー
アセンション！宇宙クリニック☆
そこまで言ってい〜んかい!? さいしょで最後のギリギリトーク！

第一刷　2021年10月31日

著者　池川　明
宇咲　愛&レゴラス晃彦

発行人　石井健資

発行所　株式会社ヒカルランド
〒162-0821　東京都新宿区津久戸町3-11　TH1ビル6F
電話　03-6265-0852　ファックス　03-6265-0853
http://www.hikaruland.co.jp　info@hikaruland.co.jp

振替　00180-8-496587

本文・カバー・製本　中央精版印刷株式会社

DTP　株式会社キャップス

編集担当　加藤弥絵

ISBN978-4-86471-952-0

ヒカルランド　好評既刊！

地上の星☆ヒカルランド　銀河より届く愛と叡智の宅配便

ホリスティック医学×胎内記憶
エドガー・ケイシーの未来育児
著者：光田 秀／池川 明
四六ハード　本体 2,000円+税

コロナと体内記憶とみつばち
著者：船橋康貴／池川 明
四六ソフト　本体 2,000円+税

宇宙からの覚醒爆弾
『炎上チルドレン』
著者：松久 正／池川 明／高橋 徳／胡桃のお／大久保真理／小笠原英晃
四六ソフト　本体 1,800円+税

タマシイはひたすらびっくり体験とわくわくアイデアだけを求めてあなたにやって来た！
著者：池川 明／長堀 優
四六ソフト　本体 1,815円+税

セックスレスでもワクワクを求めてどんどん子宮にやってくるふしぎな子どもたち
著者：池川 明／咲弥
四六ソフト　本体 1,620円+税

ヒカルランド　好評既刊！

地上の星☆ヒカルランド　銀河より届く愛と叡智の宅配便

アシュタールメソッド
[新装版] アシュタール×ひふみ神示1
著者：宇咲 愛
四六ソフト　本体 1,815円+税

アシュタールメソッド
[新装版] アシュタール×ひふみ神示2
著者：宇咲 愛
四六ソフト　本体 1,815円+税

アシュタールメソッド
[新装版] アシュタール×ひふみ神示3
著者：宇咲 愛
四六ソフト　本体 1,815円+税

[新装完全版] 魔法の学校
著者：宇咲愛／レゴラス晃彦
Ａ５ソフト　本体 3,333円+税

令和姫（レイワ秘め）カード
著者：宇咲愛／アシュタール
カード　本体 5,555円+税